有意義的巧合

尋找生命中的巧合，
揭開萬物相連的線索，
我們每天都在見證奇蹟！

Bernard Beitman

MEANINGFUL COINCIDENCES

How and Why Synchronicity and Serendipity Happen

柏納德・貝特曼 著
林金源 譯

推薦序　放膽解讀徵兆，成為意義的朋友

是什麼巧合讓你打開這本書的呢？

巧合作為一門科學，可以說是離經叛道。因為就其定義而言，如果巧合的背後有原因，那麼巧合就不能被稱為巧合，而是一種安排或規則。

一直以來，關於幸運的研究最接近巧合。沒錯，為什麼有人特別幸運，有些人則否？排除那些太過玄妙的因素，研究者發現，幸運者之所以幸運，正在於他們特別關注身邊的線索，而且帶著樂觀的心情去使用或詮釋它。

研究者刻意放了一張紙鈔在咖啡店的地板，樂觀者看到了它，用它請裡面的研究人員喝咖啡，兩人暢談了未來的工作計畫。悲觀者進入咖啡店後沒有看見地上的紙鈔，更別說與裡頭安排好的研究人員聊天。

研究結束後，前者說自己度過了一個幸運的早上，後者則覺得這個早上平平無

奇。同樣地，那些幸運的人通常也有堅韌的毅力不斷推陳出新，以求完成個人的目標。而自覺不幸的人則否。

換言之，所謂的幸運跟巧合一樣，它們不完全是意外。這便是這本書帶給我們最棒的觀念之一：我們都在某種程度上參與了巧合的創造。

如此說來，所謂的巧合或意外之幸，其實是人與世界積極互動下的結果。從這個觀點來解讀瑞士心理學家榮格所提的「共時性」，就能得到一個積極的視角。那就是，巧合的存在讓我們得以在日常生活中找到神秘經驗並尋得意義，既不需要離群索居，也不需要透過致幻藥物。奧秘就存在我們周遭，只待我們去發現。而每次的發現，都會讓我們更加確信，我們同屬一個更大的心，人與萬物緊密相連。

由於這樣的相連，許多創作者都曾發現，自己的好點子常常出現在其他創作者的作品上。似乎我們不是原創性的主人，而是它用以現身於世界的渠道。如果你沒有時間或精力去表現它，它就會自己去找其他人。

這樣的巧合不絕於史，書中就指出，有大約一百四十八項重大的發明是在同時期由兩個或更多的人各自提出的。舉其中兩個例子，一八五八年，達爾文和華萊士都宣布發現了生物的演化。一八七六年二月十四日，愛迪生跟貝爾同一天到美國專利局申請電話的專利。

這使我們必須去假設有一個共通的心靈層存在，因此我們的起心動念會影響其他人。甚至在這樣的心靈層中，是否存在著被稱為「阿卡西記錄」的命運之書？或甚至可以透過祈禱或靈氣來遠距影響他人的心念、或改善某人的身體健康？這些日常中你可能碰過的案例，在這本書裡都做了整理，並提出可能的解釋。

必須說，就連佛洛伊德這樣堅定的無神論者，這樣堅定反對神秘主義的心理學家，他在晚年時也不得不在《精神分析新論》中坦承，我們可能要對心靈感應和思維遷移抱持相對友善的看法，因為有些案例確實無法用個人潛意識來解釋。而榮格則更進一步地設想了一個非物質也非精神的元素，稱為「類心靈」（psychoid），或許是因為某種原因，在它被活化之後，同時在內部（例如：夢見多年未聯繫的好友）與外部世界（隔天他就打電話來了）造成影響。

對巧合的相信也帶來了對直覺的相信。而它們常常會將我們生命裡的中性經驗轉化成正向經驗。也難怪書中會告訴我們，注重靈性成長或者有虔誠信仰的人，更容易遇見有意義的巧合。

我想不需要我多說，這樣的人往往覺得自己受到上天特別的眷顧，也比較快樂。同樣是隨機性的產物，未知會帶來焦慮，但巧合或幸運卻帶來意義。這麼說來，巧合或幸運竟然是我們用來為對抗焦慮的工具嗎？

深信萬物彼此相連的人，通常也是作者所說的，具有「自我指示性思維」的人，藉由尋找日常生活中的小小奇蹟，他們更能將外在經驗與內在需求連結起來，作為人生的指引。

巧合因此不僅僅是巧合，也是宇宙向我們展現未來的窗口，共時性因此成為個體化的路標。如作者所言，因其神秘性，這件事已是許多榮格派的分析師漸漸閉口不談的。但成為個體是一項乏人指引的艱鉅任務，如果不藉由有意義的巧合，我們很難確定自己有沒有走錯路。它們是路上的徵兆，需要我們特地留心來發現。

這一切都讓我們暴露在一個不同於因果關係建立起來的世界，一個更接近於我們童年期都有過的魔法思維。榮格曾說，神經症是尚未發現其意義的一種痛苦。但孩子卻很少有神經症，因為他們相信世界會透過各種訊息向其傳遞意義。現代人之所以痛苦，或許就跟巧合的消失有關。更正確的說，是巧合的意義消失了。我們傾向認為，巧合就只是巧合，一場不需深究的意外。

或許就是如此，禪宗的公案才會屢屢出現令人摸不著頭緒的對話。祖師們企圖截斷眾流，打破因果鍊，使聽者感知到思緒中斷的瞬間，讓內心感受與外在現實可以重新連線，不再受到心智的評價與干擾。

如此，意外不再是意外，而是活潑潑的生命。巧合不再是巧合，而是宇宙的指引。

我個人很常遇見巧合，特別是專心研究和寫作的時候，宇宙都會伸出援手，提供我正好需要的資訊。以至於我有時難免任性，相信船到橋頭自然直。

這次在收到出版社的推薦邀請時，由於時逢年關事務繁忙，雖然我對這個主題極感興趣，但礙於時間有些猶豫。於是我看向手邊正進行到一半的翻譯段落，上頭寫著：「重點並非沒有神話，而是選擇哪一個神話？」它的意義不言自明，是選擇接受巧合，還是選擇其他？我會心一笑。這是宇宙找上了我，那可沒有拒絕的理由。

榮格學派相信，個體化就是塑造個人的神話，但你知道的，無巧不成書。沒有巧合，就沒有故事。相信巧合的人，會把他的生命活成一則饒富趣味的故事，他的人生會被栽種在一處飽含意義的沃土，隨著時間，結出甜美的果實。

所以我想邀請你一同張開眼睛，尋找生活中的巧合。放膽解讀徵兆，成為意義的朋友。你會慢慢發覺，宇宙是一個隨時變化中的奧秘，而生活在其中的你我都在見證奇蹟。

本文作者為──愛智者 鐘穎

目錄

前言　連結我們彼此的暗流

醫學博士柏納德・貝特曼（Bernard Beitman）經歷與研究巧合現象數十載，本書產生自他那具有感染力的熱忱和淵博的學識，這可能是歷來所出版過關於該主題最全面的指南。他透過多重觀點檢視巧合這個現象，包括榮格（Carl Jung）的「共時性」（“synchronicity”，有意義的巧合）、霍勒斯・沃波爾（Horace Walpole）的「意外之幸」（“serendipity”，快樂的意外）、保羅・卡默勒（Paul Kammerer）的「連續性」（“seriality”，數字或事件重覆出現），以及他自己提出的「同時感應」（“simulpathity”）概念（穿越空間或時間的移情共鳴）。他有系統地將巧合分為三種類型，並說明可能引發巧合的條件、描述巧合的好處和限制，以及闡釋種種解釋。

貝特曼博士描述人們所經歷過各式形態的巧合，包括通才、連結者、超級偶遇者、連續者、機率論者和理論家。我屬於「通才」型，因為我的人生向來充滿了各種巧合。

我回想起早年有一回，我隨手抓起了一把釘子，驚喜地發現我正好抓取到我所需要的數量。在擔任心理醫師的職涯中，我身邊經常出現巧合，它們大量發生在新病患的身上，例如接連好幾個藝術家或律師的案例。當外部事件完美地反映內在問題，它們便從病患的故事中浮現出來。主題越深刻或張力越大，就越可能出現共時性現象。在我的個人生活和職涯，這些持續出現的巧合讓我判斷我是否進入了「心流」，或者面臨了阻礙。

有人引用標準的統計數字來說明巧合根本毫無意義。相形之下，當代數學和科學卻提供了其他的可能性。如同貝特曼博士所言，榮格受到物理學家沃夫岡．包立（Wolfgang Pauli）的影響。包立是榮格的病人，他將非定域性的概念介紹給榮格，亦即量子粒子之間即便相隔極大的距離，都能立刻發生糾纏。我自己也沉浸於當代科學，不但體驗到了共時性，也認識到我的靈性發展。

羅伯特．薩科（Rob Sacco）和我一樣對此深感興趣，也對此做出了相關的解釋。我相信碎形構成了宇宙中的元級形態——我們所見之形態的形態。

碎形幾何是數學的新分支，起源可追溯到一九七〇年代。從創建碎形幾何之初，該領域的發現者／發明者曼德博＊便確認了碎形與極複雜的自然形狀的關聯。

「碎形」的標誌特徵是「自相似性」，意味著整體的形態會反映於其組成部分的形態。我們從樹木、河流、身體血管、神經元及例如海岸線和山脈分支等所有的天然地景看出了這點。還有，就文化層次而言，碎形見於全世界的原型，例如搗蛋鬼、影子、好母親和英雄，也在人類歷史中反覆出現。

貝特曼博士直覺地理解到碎形與有意義巧合之間的關聯，並以碎形螺旋來裝飾本書的封面（英文版書封）。我曾擔任貝特曼博士的著作《科學心理學的碎形認識論》（*A Fractal Epistemology for a Scientific Psychology*）一書主編，此後在播客節目「與巧合連線」（Connecting with Coincidence，第二三九集）中與他結識，在訪談中，我主張碎形原理提供了最佳的自然模型，說明心靈與物質時常呼應彼此。

自相似形態出現於很多種規模上，無論是在空間、時間或想像和象徵的領域。自相似螺旋反覆出現於鸚鵡螺殼和某些蝸牛的生長，以及向日葵種子或星系曲線的形態。蝸牛在生長時，殼的弧度保持著部分與整體之間的相同關係。這是隨處可見的身分本質——儘管部分可能會改變，但它們與整體保持著重要的關係：我依然是我，即

---

* 譯注：曼德博（Benoît Mandelbrot, 1924-2010）為波蘭裔法國—美國數學家，他的研究範圍廣泛，最大的成就是創立了碎形幾何。

使我身體裡所有的細胞和液體，或者心中的想法不停在改變。

碎形形態也帶著驚奇，例如當你越仔細觀看，會看出越多的自相似形態。碎形也具備同時開放和封閉的矛盾邊界。在某些方面，我可能獨立自主地運作，但我也擁有一個持續滲透別人和被別人滲透的社會腦。人與人之間的碎形，有助於解釋人與人之間的共鳴。

在與貝特曼博士進行訪談之後，他邀我寫下這篇前言。此後，他到處看見碎形，而我則被巧合所包圍——這是一個關係相互滲透的例子。雖然我們離開了子宮，但與整體的關係從未動搖——我們與別人及環境相互滲透。若以此方式設想心靈和物質，我們便能自然地將巧合視為內在和外在過程之間的自相似性共鳴。如同音叉，我們的大腦、心靈和身體與彼此和整個大自然同步化。

親愛的讀者，你一定會喜歡接下來的篇章。書中不僅充滿了迷人的巧合，也用多種方式加以闡釋它們，讓你瞭解、分類這類事件，並且賦予意義。巧合促使我們發現內部和外部領域基本上相互連結，而且充滿驚奇。

你的個人共時性是既令人驚奇、也是尋常不過的事件。貝特曼博士的著作將幫助你將巧合經驗給正常化，並使你更有自信地向親戚朋友講述你的故事。如果你在閱讀本書時和我一樣感動，我希望你能加入貝特曼博士的行列，一起利用有意義的巧合來闡釋那道將我們連結起來的暗流。

本文作者為泰瑞・馬爾克斯—塔洛（Terry Marks-Tarlow）博士，他是《科學心理學的碎形認識論(2020)》一書的編輯，也是《現今的神話想像：話神與科學的相互滲透》（*Mythic Imagination Today: The Interpenetration of Mythology and Science*）一書作者。

作者序　巧合如何形塑我的人生

你所學過最了不起的事，就是愛與被愛。

——〈自然男孩〉（"Nature Boy"），納京高*

請容我介紹自己。我是一位精神科醫師，我的任務是去辨識現實與瘋狂。在我的人生和本書中我謹守這個分際，並且保持著平衡。

「有意義的巧合」是兩個或更多事件，以驚人、出乎意料和不大可能的方式一起出現，對於經歷這個巧合的人來說似乎有重要意義，無論在當下或事後回顧。

巧合現象不時在人生中陪伴著我，從我九歲開始。當時我的狗走丟了，而我也迷了路，後來我們竟然找到了彼此。三十一歲時，巧合深深地固著在我的意識中，我發現自己不受控制地突然窒息，同時間，遠在三千英里外，我父親正被他自己的血給噎住而處於垂死狀態。

「有意義巧合」的經驗拓展了我對自己、他人心智與心靈，以及周遭自然世界的認識。巧合促成我在心理和靈性層次的發展，在我的學術生涯中引導我，並幫助我開拓人際關係。巧合使我拋開那些解釋世界如何運作的傳統觀點，讓我停下來思考，並感到疑惑。

就讀高中時，我曾想像自己擊中棒球比賽的首投球，並打出全壘打；這確實發生過一次。大學期間，我想像自己在打美式足球時接住了開球，一路奔跑觸地得分；這也發生過一次。想像與真實事件之間有何關聯？它們是否「只不過是巧合」？

我就讀耶魯醫學院，在史丹佛完成住院醫師的實習。我碰見最多巧合的地方是一九六〇年代後期舊金山的海特—阿什伯理（Haight-Ashbury）區。當時我是兼差的精神科住院醫師和兼差的嬉皮，每週有一半的時間待在史丹佛，另一半時間在該市的街道上遊蕩。在這些日子裡，巧合飛速進入了我的意識。

離開華盛頓大學不久，我前往位於哥倫比亞市的密蘇里大學任職，而一個巧合向我指出某個大有可為的研究方向。當我踏進同事的辦公室，向他及我們一起完成的工作道別，我注意到他桌上有一篇關於胸痛和恐慌症的論文。他察覺到我對此頗感興趣，於是交給我一頁協議書，讓我將它帶到密蘇里。抵達密蘇里大學後，我發現心臟科診療室後門就隔著大廳，正對著精神科診療室的前門，以便於保密地將胸痛病患移

* 譯注：納京高（Nat King Cole，1919-1965）為美國音樂家，以傑出爵士鋼琴演奏家和歌手而知名。

轉到這個即將由我負責的精神科訪談。巧合！

最終，我發表了四十多篇關於這個題目的論文，晉升為精神病學系的系主任，並發展出一個為精神科住院醫師設計的基礎心理療法創新訓練方案。為此，我獲頒兩個國家級獎項。我到瀋陽的中國醫科大學巡迴演講時，結識了一位中國精神病學家，那人正好成為我優秀的研究助理。多麼順理成章的巧合！

截至二〇〇六年，我成功站穩學院派精神病學家的地位，並得以重拾我對巧合的熱情。我在胸痛研究經驗和從事心理治療的基礎上，得以正式詢問人們在何等程度上經歷了何種巧合。我雇用心理系的大學畢業生來協助量化該問題的答案。

透過一系列標準的重複程序，我們發展出「不可思議的巧合調查」（Weird Coincidence Survey）。我們進行了兩個不同的研究，招募大約千名出自大學教職員和學生的志願者，並在兩期《精神病學年報》（*Psychiatric Annals*）中發表研究成果。身為編輯，我向其他曾研究過共時性的作者邀稿。

在第二版中，來自三所大學的三個研究團隊報告了他們利用「不可思議巧合調查」所獲得的成果。二〇一六年，這個調查設定在我的網站上，每個人都能用以評估對於巧合的敏感度。至二〇二〇年底，已經有兩千六百多人參與調查，提供了我們細審先前案例的機會。

我離開密蘇里大學之後去到維吉尼亞州的夏綠蒂市（Charlottesville），成為維吉尼亞州大學精神病學與神經行為科學學系的客座教授。身為私人執業者和一名恢復身分的學者，我撰寫了我的第一本關於巧合的書《與巧合連結》（*Connecting with Coincident*），書中依據巧合對於日常生活主要層面的影響和用處，將大量蒐集的巧合故事加以組織，涵括的面向涉及：戀情、家庭、朋友、健康、工作、想法、金錢和靈性。

我開始經營〈今日心理學〉（Psychology Today）部落格，到了二〇二一年已經累積一百多個條目，超過七十五萬次的點閱。我還製作了一個共計一百三十八集的廣播節目，有超過二十五萬次的下載。後來我在Zoom開了播客，訪談了那些擁有各種人生經歷的來賓。我發現，無論你人在何處，巧合都是生活中的一部分。

這些廣播和播客節目讓我有機會與巧合研究的佼佼者，包括榮格派研究者、統計學家、企業家、研究意外之幸的學者、音樂家、雙相障礙患者、超心理學家、博物學家、基本教義派宗教人士、薩滿師，以及受到巧合經驗影響而撰寫有關共時性書籍的人們，進行具啟發性的談話。其中某些受訪者出現在《有意義的巧合》一書中。〈與巧合連結〉這個節目能在Spreaker和YouTube的youtube. com/c/Coinciders/videos以及我的網站coincider.com.上找到。

二〇一九年九月，我在「意外之幸學協會」（Serendipity Society）的首次集會中介紹了有意義的巧合，該協會是個有趣和充滿企圖心的研究團體，他們將正式的巧合研究帶進了歐洲、北美洲和亞洲的大學。

本書提供「巧合研究」的許多必要知識，首次呈現「有意義的巧合」系統化的分類。不同於這個領域之前已累積的研究成果，本書描述了巧合的解析、不同類型巧合的廣泛調查、增進巧合發生機率的條件、巧合的限制和好處，還有已經被提出來用以解釋巧合的各種假說。

本書的首要企圖是作為一部指南，引導那些想在生活中融入巧合之流的每一個人。如果你對巧合現象深感興趣，我鼓勵你加入我們的計畫，這個計畫在「附錄一」中有詳細的描述。

《有意義的巧合》一書的出版也有意吸引更多的學者來研究巧合現象，以及促使巧合現象在日常會話中被廣泛傳述。巧合研究最豐富的源頭，就是日常生活中的故事，藉由鼓勵研究興趣和在日常生活講述巧合的故事，本書希望能成為研究者與經歷巧合者之間的橋梁。

身為學院體制內的精神病學家，在金錢支援和個案的蒐集上我獲得了豐厚的資源，我希望能回饋社會對我的慷慨。撰寫本書向大家介紹我所知道關於巧合的知識，作為表達感激的方式，但願本書能幫助人們提升心智和靈性。

PART

1 巧合的定義

第一章　巧合的解析

「同時發生」（*coincide*）和「巧合」（*coincidence*）這兩個單字透過哲學進入了英語中，可能出自羅傑・培根＊翻譯拉丁文的譯文。後來，這兩個單字在十七世紀上半葉逐漸成為英國學者和作家的語彙，接著，在英國數學研究大復興期間被數學家大量採用。

當湯瑪斯・傑弗遜（Thomas Jefferson）和約翰・亞當斯（John Adams）於一八二六年七月四日同時去世後，「巧合」在美國英語中變成人們熟知的單字。上述兩個人正好在各自簽署了《美國獨立宣言》整整五十年之後去世。[1]

那麼，何謂巧合？關於巧合，我們所知非常有限。字典的定義妥善地說明了這個事實：**巧合是在沒有明顯的因果關係下，若干事件或情況以值得注意的方式同時發**

＊ 譯注：羅傑・培根（Roger Bacon，1220-1292）為學識淵博的英國方濟各會修士、哲學家和煉金術士，著作涉及當時所知的多門知識。

生。此事何以值得注意？因為它們同時發生？因為它們的發生令人感到驚奇？因為沒有明顯的原因，儘管似乎應該要有原因？還有，這個定義沒有明言的暗示是，巧合可能具備了意義。

巧合的定義本身包含著矛盾。它可能沒有原因，也可能有原因；它可能沒有意義，也可能有意義。巧合也許不太可能發生且令人驚奇，但後兩者並非同義詞。巧合往往是不太可能發生的事，但所有不太可能發生的事不必然都是巧合。[2] 舉例來說，擲出一粒骰子六次而得到四、六、四、二、五、五點的結果，縱使不像擲出六個六點那樣不太可能發生，但遠遠不到令人驚奇的程度。[3] 同樣的，巧合通常會令人感到驚奇。[4] 但驚人的事件（例如不在預期中的放鞭炮或生日派對）不必然是巧合。[5,6] 因此，令人驚奇且不太可能的巧合才會引起注意，而且似乎也需要解釋。

我們希望瞭解巧合代表的意思，這個企圖一開始便因為「**巧合**」一詞以兩種截然不同的方式被使用而變得益加困難：巧合不是值得注意，就是無關緊要。與巧合連用的形容詞能確認你想傳達的含義：當巧合被認為很重要或有原因，我們會使用諸如「有意義」、「值得注意」或「驚人」等形容詞，例如：「那是個驚人的巧合！」。而當巧合被認為無關緊要、純粹偶然罷了，那麼用來修飾巧合的形容詞會是「僅僅」、「只不過」、「純粹」、「全然」和「只是」，例如：「那只是個巧合。」還有，當巧合沒有伴隨著修飾的形容詞，那代表說者心中的含義可能並不明確，例如：「你在我現身時露面，這是個巧合。」

然而，關於巧合，有件事很明確：我們的身邊充滿了巧合。巧合出現在日常生活、網路、廣播、電視和周遭環境，然而它就像一個被視而不見的東西，我們往往不曾加以留意，或只是短暫地注意一下便無暇多想。

二〇〇九年我在密蘇里大學所做的調查，發現至少有三分之一的大眾時常注意到巧合現象。[7] 這是個好的開始，提醒我或許時候到了：我們應該創造一個新領域來探索這些不期然同時發生的事件。為達這個目的，我提議設立「巧合計畫」（The Coincidence Project），這個計畫包含了跨學科的研究（詳情參看附錄一）。但首先，讓我們從梳理這些通常稱作「巧合」的線縷著手。

時間性

當我們思考巧合時，涉及了哪些變數？首先且最明顯的變數就是時間的間隔。巧合通常被認為是兩個或更多事件同時或近乎同時一起發生。兩個巧合事件的及時或時間相隔短暫，似乎增進了巧合在人們心中的重要性，因為兩個看似不相干的事件緊接著發生，會開始暗示某個原因。雷聲緊隨著閃電出現，因此，是閃電造成了雷聲。

然而事實上，巧合事件特有的時間間隔可能從幾乎同時發生，到相隔多年之久。而且，相隔多年發生的巧合事件，也可能如同即時發生的巧合一樣驚人。

心理學家艾倫·可姆斯（Alan Combs）和英國教授馬克·荷蘭（Mark Holland）在兩人合寫的書《共時性：透過科學、數學和惡作劇精靈之眼》（*Synchronicity: Through the Eyes of Science, Myth and the Trickster*）中列舉了以下例子：

福爾比（Allen Falby）是美國德州的公路巡警。某天晚上，他執勤時不慎撞毀了摩托車，造成腿部大動脈破裂並嚴重出血，只能在路上等死。當時有個名叫阿弗雷德·史密斯（Alfred Smith）的男子抵達該處，迅速在他腿上綁了止血帶，救了他一命。五年後，福爾比收到通報，前往某個汽車事故的現場執勤。在那裡，他發現了一名因腿部動脈破裂而大量出血的男子。福爾比替那名男子綁上止血帶，最終救了他一命。後來，福爾比發現那男子名叫阿弗雷德·史密斯，正好是五年前以一模一樣的方式拯救他性命的那個人。福爾比打趣地說，這一切都證明：一條救命的止血帶應該以另一條救命的止血帶奉還！[8]

就巧合的產生而言，時間通常被視為是向前推進的：某人想到了某事，接著，情境中便出現了同一個事件或事物，與一開始的想法配成對。然而，如同福爾比的故事所述，巧合也可能藉由回顧過往的配對事件而被辨認出來。

相似性

巧合的另一個變數是相似性：構成巧合的兩個或多個事件，必須是相似的。在福爾比的例子中，兩個事件都涉及了拯救即將流血至死的男子的腿部止血帶。這事本身並非巧合，巧的是兩名男子在相隔多年後救下彼此的性命，但他們卻素不相識也從未往來——他們各自在對的時機和對的地點出現，救了對方一命——使之成為巧合。

如果福爾比——史密斯替他綁上止血帶而讓他免於死亡——是透過復甦術拯救了溺水的史密斯，那麼此事被視為巧合的程度便會減少幾分。如果他們都在同個警察部門任職，那麼這件事根本不會被視為巧合。再者，如果兩人是搭檔工作的巡邏員警，這件事肯定也不會被視為巧合。

不可能性

相似性產生統計上的可能性，這個主題我們會在隨後的第五章詳細探討。但作為巧合的另一個變數，我們先簡短地討論一下「不可能性」。

巧合是某些不大可能發生的事件，儘管字典裡為巧合下的定義中並未言明。你在好幾個月沒穿過的外套口袋裡找到了手錶，此事並非巧合，而是健忘。當你想起母親，她正好打電話給你，這也算不上巧合，至少這並非不大可能發生的事，畢竟她是你的母親，你可能時常想起她，而她也不時會打電話給你。

巧合的可能性越高，越可能出現傳統的解釋。但可能性越低（或不可能性越高），就越難用簡單的數學隨機來解釋事件的同時發生，因此，它們的起因或解釋越可能存在於傳統科學領域之外。

不可能性與巧合的驚奇程度有關。越是不可能發生的巧合，往往越是令人驚奇。你的朋友準時赴約來喝咖啡稱不上巧合，因為這一點都不驚奇，儘管你可能很高興見到他難得準時。巧合發生時，兩個事件的交會當中，必定存在著某種使人感到驚奇的要素，這種驚人的巧合擴展了我們對正常、很可能發生的事物的感覺。

除了不可能性，我們還依據事件的關聯性來評估它令人驚奇的程度：同時間發生的事件，在當下有多麼直接的關聯？如果你滿腦子正思考月球的起源，當你走過圖書館書架，發現有一本關於育兒的書就砸在你腳上，你大概不會想太多。但是，如果掉在你腳上的書，它的主題正是關於月球呢？當巧合似乎對你當下的想法提供了某種注解，這個驚奇感就被放大了。

巧合的驚人程度，有助於決定我們會對它付出多少注意力。如果缺乏驚奇感，我們就不會進一步審視相似之處，也不會搜尋它的重要性或意義。

有意義巧合的兩個首要意義

經歷巧合的當事者往往會問：「這有什麼意義？」這個問題包含了兩個層面。其一是：「這件事怎麼會發生？」問題的答案變成了一種解釋。而另一個層面是：「這對我有些什麼意義？」答案變成如何利用這個巧合可能給予的引導。

最常見的巧合形式

劍橋大學教授斯皮格霍爾特（David Spiegelhalter）蒐集了四千四百七十多個巧合的案例。文本分析公司Quid對這些故事進行了分析，發現足足有百分之五十八的巧合「包含了與家人或愛人有關的文字」。這代表人們更可能注意到涉及最親近的人的巧合。這份分析中最常見的五種巧合是：

1. 與某人同一天生日（11%）

2. 涉及書籍、電視、廣播節目或新聞的關聯（10%）
3. 與假期有關的巧合（6.1%）
4. 運輸移動過程中與人相遇——在走路時、機場裡或公共交通工具上（6%）
5. 與婚姻和姻親有關的巧合（5.3%）

研究人員也檢視了這些故事的敘事語氣，發現更多的人使用負面（32%）或中立的語言（41%）來描述巧合，而非正面語言（25%）。這項發現出人意料！因為巧合通常會被視為是一種正面經驗。這或許是因為尋求意義的人更可能經歷巧合，而且往往發生在痛苦沮喪的時期。[9]

我在密蘇里大學進行的「不可思議的巧合調查」，以不同的方式處理這個問題。斯皮格霍爾特要求參與者報告他們的故事，然而我的調查參與者則在我的網站coincider.com上估算他們所經歷最常見巧合的頻率。截至二〇二〇年十月十三日，共有兩千六百一十二人回答了網站上的問題。以一到五來分級，第五級是「極常見」。最常見的巧合有：

- 經歷了有意義的巧合後，我分析了其中代表的意義。（問卷回答者平均數

4.04〕

- 我突然冒出某個念頭，然後立刻在廣播節目、電視或網路上聽見或看見它。〔3.47〕
- 我想起要打電話給某人，結果那人突然打了電話給我。〔3.38〕
- 我在對的時機佔到一個對的位置，因而在工作／事業／學業中獲得進展。〔3.37〕
- 我想起某個問題，結果還沒發問，就由外界（廣播、電視或其他人）提供了答案。〔3.32〕

至於其他較不常見的巧合包括：

- 我被引薦給那些無意中幫助我在工作／事業更上一層樓的人。〔3.19〕
- 我需要某樣東西，後來不費吹灰之力就滿足了這個需求。〔3.19〕
- 在偏僻之處偶遇朋友〔3.09〕
- 有意義的巧合幫助我決定了未來的學業方向〔2.95〕
- 我想起了某人，然後那人意外地造訪了我家或我的辦公室，要不就是在大廳或

街上突然與我相遇。〔2.86〕

- 我經歷了強烈的情緒波動或身體感覺，同時我所愛的人在遠方也產生相同的感覺。〔2.85〕
- 當電話響起，我沒看手機螢幕也沒設定來電答鈴，但我就是知道是誰打來的電話。〔2.80〕

我們也依據參與者對巧合的「敏感度」進行了分級，級距從高於四十三、低於十九，以及介於兩者之間，計算方式是加總他們在每項調查中的分數所得。

半數參與者的得分落在極敏感和超級敏感的級距，最可能的原因是：只有某些對巧合非常感興趣的人，才會想填

回答的選項	回答所佔的百分比	回答人數
高於43：超級敏感	29.20%	762
39-43：極敏感	20.92%	546
35-38：敏感	15.82%	413
27-34：一般	21.80%	569
23-26：有點封閉	6.63%	173
22-19：封閉	3.22%	84
低於19：超級封閉	2.41%	63
總數	**100%**	**2610**

寫這個問卷。

在我所做的分析和呈交給斯皮格霍爾特的故事分析中，涉及媒體的巧合相當常見。儘管存在一些相似之處，但有趣的是，這些案例中的若干類型產生自兩種不同的方法。我是透過廣泛檢視文獻和統計篩選來做分類，Quid公司則是靠分析那些自願交上來的故事來做分類。

Quid公司的分析包含了與婚姻和醫院有關的類型，但這些並未納入我的調查中，而我的調查納入了Quid公司沒有蒐集到的類型，例如與事業有關的巧合，以及個人想法反映於外在環境的巧合。

在以科學態度發展巧合研究的路上，上述持續進行的資料分析，將使得巧合的分類更加明確。

第二章　巧合的類型

文字被創造用來拓展某些值得我們關注的現實。「**有意義的巧合**」實際上是個傘式術語，涵蓋了用於描述多種有意義的巧合類型，包括了榮格的「**共時性**」、霍勒斯．沃波爾的「**意外之幸**」、保羅．卡默勒的「**連續性**」，以及「**同時感應**」，後者是我自創的用語。這四個用語的定義或有重疊之處。

共時性

瑞士精神科醫師暨分析心理學的創立者榮格，獨力催生出西方思潮中「有意義的巧合」概念。他結合希臘語的*syn*——「和、一起」——和*chronos*——「時間」（例如chronology〔年代學〕）——發明了「共時性」（synchronicity）一詞。共時性意指「在同一個時間」。

榮格在著作中提及了共時性原理，試圖解釋種種現象與有意義的巧合。榮格認為，共時性是一種非因果性的連結，從而說明那些顯然碰巧發生的事件不是被某個原因給連結在一起，而源於它們意義上的相似性。[1]由於「共時性」一詞的用法已經產生了變化，如今已經被視為「等同於」有意義的巧合。對於單一事件，榮格通常使用「**巧合**」和「**有意義的巧合**」這兩個詞彙。目前，共時性被認為是一種有意義的巧合。

榮格利用量子力學和「超覺」（psi）研究所得到的發現，假設了共時性作用超越了傳統上對時間和空間的因果性依賴。他深受杜克大學（Duke University）的萊恩（J. B. Rhine）的超覺實驗影響。[2]

榮格兩個關於「有意義巧合」的主要例子，包括了超感視覺（clairvoyance）和預知。[3]時至今日，共時性原理的例子多半消失在榮格追隨者的著作中，並被比較不那麼爭議的概念所取代。例如，物理學家曼斯菲爾德（Victor Mansfield）就嘗試將共時性從超自然現象中給分離出來。[4]然而，榮格憑藉著絕倫的智力，靠著理論著作和廣為流傳的生平軼事，為二十一世紀「有意義巧合」的研究奠定了基礎。

某次療程中，榮格參與創造了世上最知名的一個「有意義巧合」。在他那位於瑞士蘇黎世的辦公室，榮格治療著一位受過高等教育、舉止端莊的年輕女子。但榮格看得出來，這位女子尋求心理治療的效果注定要失敗，除非他能成功軟化這位女子理性主義的外衣。他持續關注這名女子，同時希望能發生一件意想不到且不那麼理性的事，來打破僵局。結果，某次會面，正當女子描述起一件貴重的金色聖甲蟲形狀的寶石首飾——那是她在前晚夢中收到的禮物——榮格突然聽見一陣輕拍窗戶的聲音。榮格打開了窗戶，從空中一把捉住那隻突然造訪的甲蟲。那甲蟲極似金色聖甲蟲，正好是他需要的東西——或者，正好是這位女病患所需要的東西。「這是你的聖甲蟲。」他對她說，同時交給這名女子一個關於她的夢與外部現實的連結。

榮格將這個巧合視為達成治療目的的方法，用來打破了病患的過度理性。「在榮格看來，」榮格派學者曼恩（Roderick Main）表示，「共時性做到了一件他無法做到、但他知道必須做的事。」[5]

榮格聲稱那個巧合破除了病患的心防，讓她充分信任了心理治療，並獲得令人滿意的成效。榮格沒有進一步提供治療細節或結果，而暗示這個介入讓一切順利的進行，如此理想化的進展更像個童話，而非現實。榮格沒有解釋這種神奇的效果是「如何」達成的，然而透過巧合研究，我們或許能更清楚地瞭解。

榮格對巧合現象保持著警覺和期待。曼恩說，「對榮格而言，這種寄望於不期然事物的心態，構成了共時性內在、精神的組成部分，而其外在、實質的組成部分則是以聖甲蟲的形式出現，真實存在的『某件意想不到且不理性的事』。」[6] 那隻聖甲蟲是雙重的共時性，既滿足了病患的需求，也滿足了榮格身為治療師的需求。

榮格成為「聖甲蟲巧合」的一個管道，倘若他沒有打開窗子讓甲蟲飛進來，這位女病患內在與外在世界的連結就永遠無法形成。聖甲蟲是埃及的死亡和轉化的象徵，對榮格來說也具備了「原型」的意義。聖甲蟲先前早已作為一種象徵出現在榮格的看法中，或許有助於使之成為創造巧合的重要角色。榮格相信：想要創造有意義的巧合，必須先活化原型。

榮格的聖甲蟲故事依舊是原型的共時性——這是關於有意義巧合的研究歷史中最常被寫到的事。正如榮格在引發聖甲蟲的巧合事件中扮演著重要角色，對於提出共時性的概念，他同樣居功甚偉。共時性之於全世界，就像金色聖甲蟲之於榮格的病患，這是榮格帶給我們極富神秘氣息的東西，以童話般的魔法挑戰了我們對於因果關係的看法。[7]

如今的精神治療師持續將巧合這種現象運用在工作中。心理學家帕休蒂（Frank Pasciuti）描述了一個類似的巧合：正當他力勸一位頑抗的病人去諮詢另一位心理學家A，以正式評估他是否罹患了注意力不足過動症（ADHD）時，一名女子突然闖進了辦公室，劈頭詢問這裡是否就是心理學家A的辦公室。一如榮格的病人，帕休蒂的病人迅速接受了暗示，他終於首肯去見那位心理學家A，並經評估被診斷出的確患有嚴重的注意力不足過動症。

至於曼恩，他詳細研究了榮格的共時性方法。「我已經研究巧合超過二十五年了。」曼恩寫道，「我主要聚焦於榮格所提出的共時性概念。榮格的方法之所以吸引我，是因為他對於一切的巧合現象、甚至那些涉及超自然的現象，全都抱持著開放態度。我喜歡那樣的榮格，他專注在巧合和其他異常現象所代表的意義，但也不會忽視證據和解釋——他認定的意義範圍可從世俗延展到全宇宙。我喜歡他的大膽，他能以他所遭遇的經驗來形塑他的理論，以及對現實的看法，而不是反過來那樣。」[8]

榮格將「非因果性關聯原則」置於與「因果關係」平等的地位。前者與因果關係的不同處在於，它不受時間和空間的影響。[9] 簡單地說，非因果性意味著想弄清楚A如何導致B是困難的，有時我們甚至無法知道A或B哪個先發生。對榮格而言，透過活化的原型而產生的共通意義連結了兩個事件。榮格的非因果關係論點的確存在若干缺陷，[10] 但它們的主要價值在於將注意力從因果關係，轉移到以「意義」作為「有意義巧合」的要素之間的連結原則。[11]

榮格的追隨者則主張真正的共時性，也就是那些可用來追求自我實現、個體化和靈性成長，以及更深刻的人類連結經驗的巧合現象。[12,13]

意外之幸

霍勒斯·沃波爾是十八世紀英國的下議院議員，他發現自己具備一項特殊本領，那就是他往往在有需要時，就能找到他所需要的東西。沃波爾在寫給友人暨遠親曼恩（Horace Mann）的信中，為這項本領創造了一個用語。曼恩是駐義大利佛羅倫斯的英國公使，先前曾寄給沃波爾一幅大公夫人卡佩羅（Grand Duchess Bianco Capello）的肖像，這位卡佩羅夫人是沃波爾的愛慕對象。沃波爾收到肖像畫之後，很想用卡佩羅家族的盾形紋章將畫給裝裱起來。接著，就那麼湊巧，他在先前獲得的一本舊書中找到了這個紋章。一七五四年一月二十八日，因為這個巧合而極度興奮的沃波爾向曼恩道謝，並為這種不期然找到東西的能力取了一個名字——意外之幸（*serendipity*）。

「serendipity」這個單字是根據一則名叫〈三位塞壬地王子的冒險之旅〉（*The Travels and Adventures of Three Princes of Serendip*）的童話而創造。塞壬地是印度南部海岸外的島國斯里蘭卡的古名。故事裡的國王明白教育不只需要從書本中學習，因此，他將兒子們派出國去拓展人生經驗。整篇故事中，聰明的王子們仔細觀察周遭環境，然後運用知識拯救自己免於危險和死亡。

對沃波爾來說，「意外之幸」意味著運用消息靈通的觀察（聰慧），然後碰巧找到了有價值的事物，它們基本上是一種「快樂的意外」。「意外之幸」一詞具備了流行文化的意涵，最明顯的是《美國情緣》（*Serendipity*）這部電影，但許多人並不知道它原本的意義。然而，沃波爾的含糊定義已經引發種種可能的意義。[14]

研究「意外之幸」事件，需要簡化這個奇特的用語。意外之幸是一種以行動為基礎的巧合形式，所以光是想像你想要或需要什麼是不夠的，你必須採取行動。西班牙有句吉普賽諺語說得好：「四處走的狗才找得到骨頭。」這種本領有時似乎仰賴人類找路的能力，帶我們前往人群、想法或事物所在之地，提供我們一直在追尋的東西，我稱之為「人體地理空間定位能力」（人體GPS）。

意外之幸的組成部分包括：主動尋找（出於需求或好奇）、機運、開放性的觀察，以及有價值的結果。字典將「機運」定義為某種偶然的事物不可預料地發生了，這其中，不具備可識別的人類意圖。

古法語的*La cheance*源自古拉丁文*cadere*，意為「墜落」，暗示墜落、安頓下來或自行發生，是事物的本質。[15]荷蘭台夫特理工大學（Delft University of Technology）學者科普蘭（Samantha Copeland）在二〇一七年的論文〈論科學中的意外之幸〉（"On Serendipity in Science,"）中，將機運定義為偏離預期。她注意到，科學和技術層面的意外之幸往往在觀察的價值中得到確認，所以必須等到事後回顧才會被辨識出來。[16]

意外之幸在本質上是一種有意義的巧合（而共時性則是另一種），它以幾種形式呈現。首要的形式是意外發現某件有趣或有價值的事物，這包含了兩個主要的衍變形式：一、尋找某事物，結果以意想不到的方式發現它，以及二、尋找某事物，卻發現了完全不同的東西。

社會學家默頓（Robert Merton）和巴伯（Elinor Barber）為「意外之幸」這個用語撰寫了一部淵博的歷史，書名貼切地稱作《意外之幸的冒險之旅》（*The Travels and Adventures of Serendipity*），內容從沃波爾說起，一路談到愛書人、科學和人文學科。[17]

科普蘭[18]表示，這兩個衍變形式有著共同的基本特性：在意想不到的觀察或事件期間所發生的活動，其背後的意圖只間接地與結果有關。

說到尋找某事物並以意想不到的方式發現它，青黴素就是個著名例子。一九二八年，微生物學家弗萊明（Alexander Fleming）積極尋找一種新的抗生素。當他休假回來，赫然發現他離開時本該清洗的培養皿忘了清洗，結果裡面的細菌被青黴素液給殺死了！[19]

至於美洲的發現，則屬於尋找某事物、結果卻找到了別的東西的例子。一四九二年，哥倫布試圖尋找一條向西前往東亞的航路，卻意外發現了新世界。還有一九九〇年代，英國研究人員在測試一種新的抗高血壓和抗心絞痛藥物時，意外發現了威而鋼。這場發現來自於有大量的男性受測者回報說，服藥之後勃起的次數和時間增加了[20]。最後，威而鋼成為有史以來最暢銷的藥物之一。

倫琴（Wilhelm Roentgen）的發現X光，也是這種意外之幸的絕佳例子。這位德國物理學家以當時流行於物理學界的陰極射線做實驗。當倫琴用黑色紙板蓋住陰極射線管來遮光，他注意到對面螢光屏上的亮光。後來，他用相紙取代了螢光屏，於是產生了第一張X光照片。「倫琴的天才在於，他立刻辨識出一個全新的現象。」《共鳴期刊》（*Resonance*）的拉克西米那拉亞南（V. Lakshminarayanan）寫道。[21]因此，意外之幸的價值可能在當下或事後才會被辨識出來，想辨識此事及導引到其他的發現，都需具備從單一例子看出普遍模式的聰慧能力。

有一種意外之幸，涉及了在某種情況下注意到某個事物，並且認出該事物在另一個情況下剛好能夠滿足某個需求。一九四一年，瑞士電氣工程師邁斯楚（George de Mestral）有一回散步回家，突然納悶起牛蒡的種子為何會沾附在外套和狗的身上，這個疑惑和隨後的努力探究，最終導致了魔鬼沾的發明。

醫學研究者安德爾（Pek Andel）在登載於《英國科學哲學期刊》（*The British Journal for the Philosophy of Science*）的一篇論文中，列出了一長串科學、技術和藝術領域的意外之幸。[22]

根據紐約州立大學放射學與內科學榮譽退休教授梅爾斯博士（Morton A. Meyers, M.D.）在《快樂的意外》（*Happy Accidents*）一書的說法，二十世紀許多重大的醫學突破都離不開意外之幸！意外之幸涉及了X光、抗抑鬱劑、子宮頸抹片檢查、化療藥物、血液稀釋劑、抗生素、無菌手術區等發明。遺憾的是，接受政府補助的研究計畫的官僚化妨礙了這些意外發現的進展。[23]

二〇一九年，我參加了倫敦「意外之幸協會」（Serendipity Society）的首次集會。該協會是一個促進和支持各種意外之幸的學術研究網絡。研究意外之幸的學者遍及世上許多國家，更橫跨心理學、精神病學、圖書館科學、資訊科學、物理學、科技、商業、經濟、電腦科學、英語、新聞和科學政策等領域，連商業人士和作家群體也參與其中。意外之幸協會希望將這個主題的研究發展成一個獨立領域，身為這種現象的專門資源，能為組織、發明者和規劃者提供協助。[24]

共時性和意外之幸代表了「有意義巧合」的核心層面，但兩者合起來並非全部。兩者都傾向於聚焦在正面的結果，但是，有些巧合並不提供新的訊息，而有些巧合似乎承諾了某個願景卻沒有實現，有些巧合則導致了毀滅性的結果！當然，還有一些巧合涉及一連患明顯不符共時性原則或意外之幸的事物。

連續性

「連續性」現象與意外之幸和共時性的相異處，在於它是客觀世界中被注意和記得的一連串事件。不同於意外之幸和共時性，連續性不必然是一種特殊的主觀要素；理論上，這一連串的事件可以被任何人所證實。

奧地利生物學家保羅・卡默勒將「**連續性**」定義為「相同或類似事物或事件在時間和空間上的重現，這種重現與相同的作用原因無關。」（該陳述是共時性原理的先驅）然而，卡默勒將這些重複視為純粹的自然現象。卡默勒比其他人更加徹底描述一連串的類似事件，他花許多時間坐在公園的長椅上注意路過的行人，並按性別、年齡、服裝、是否帶傘或包裹等進行分類。此外，他搭乘長途火車往返家裡和維也納的辦公室時，也做著同樣的觀察。

卡默勒對意義不感興趣——那只是重複的順序。他的一百個例子裡包含了似乎不重要的數字、名字、單字和字母的重複。其中一些例子如下：

- 他妻子在候診室讀書，內容是關於一個名叫施瓦爾巴赫（Schwalbach）的畫家，此時正好有一位施瓦爾巴赫女士被叫進診察室。
- 他妹夫去聽音樂會，拿到的寄物櫃號碼票是九號，跟座位號碼一樣。不久，他妹夫去聽另一場音樂會，寄物櫃號碼票是二十一號，正好又是他的座位號碼。

- 他妻子在火車上讀小說，書裡有個角色叫「洛罕夫人」（"Mrs. Rohan"）。她看見一名男子上了火車，看起來像他們的友人洛罕王子（Prince Rohan）。當晚，王子本人便造訪了他們家。[25]

卡默勒有時也描述在空間中成群聚集的事件：作家庫斯勒＊在他的著作《助產士托德的案例》（*The Case of the Midwife Toad*）說到這種群聚：「有個案例與兩名彼此從未相遇過的年輕士兵有關。一九一五年，兩個士兵分別被送進波西米亞托維茨（Ktowitze）的軍醫院，兩人同為十九歲，罹患肺炎，也都出生在西里西亞（Silesia）地區，都是擔任運輸兵團的志願兵，而且同樣名叫弗明朗茲．李希特（Franz Richter）。這兩個人共有六項相同之處。[26]

卡默勒在一九一九年的著作《連續法則》（*Das Gesetz Der Serie*）中，概述了這些法則，並提供連續類型和性質的分類方式；這部作品幫助榮格發展出「共時性」的概念。此後，榮格使用了類似卡默勒的連續性定義來定義共時性。

＊　譯注：庫斯勒（Arthur Koestler，1905-1983）為匈牙利猶太裔英國作家、記者和批評家。

卡默勒將事件的匯集歸因於已知科學領域的影響力，[27]而榮格則仰賴已知因果原則以外的解釋。榮格強調個人意義，卡默勒則否。儘管如此，一連串不大可能的平行事件似乎相當有意義。有意義的系列事物可能以重複的詞組出現、在不同背景下看見相同的人，或提到相同的電影或書籍。

連續性、共時性和意外之幸端賴觀察者是否能辨識出這些事件彼此的相似性。連續性適用於看得見的一連串相似之處，例如在沒有下雨的天氣，短時間內接連有三個人撐著黃色的傘走過，這無疑屬於公開事件。而另一方面，在共時性和意外之幸中，每兩個事件中通常有一個是私底下的心理事件，另一個才是看得見的公開事件。

同時感應

同時感應（simulpathity）一詞的歷史相當新。我以這個詞彙來描述我的個人經驗，結果發現許多人也有過類似的經驗。

一九七三年二月二十六日，當時我三十一歲，在舊金山一棟古老的維多利亞式公寓工作，突然間，我感覺喉嚨被噎住了！我跑到廚房水槽旁猛咳，卻咳不出東西，因為我什麼也沒吃。我被噎了將近十五分鐘後才恢復正常的吞嚥和呼吸。

隔天是我的生日，我弟弟打電話給我，告訴我遠在三千英里、住在三個時區外的德拉威州威明頓（Wilmington）的父親已經去世了！那是我昨天被噎住時所發生的事！據說我父親當時喉嚨出血，然後被自己的血給嗆住了。

透過閱讀和研究，我確定我與父親的這種經歷並不特別。某人在無意識且相隔遙遠的情況下同時體驗到另一個人的痛苦，並非不尋常的事。也就是說，某人正處於痛苦中，而另一人不知何故也出現了類似的感覺。雙胞胎是這種經驗的原型，因為這類報告大多數來自於雙胞胎。[28]此外，母子和關係緊密的伴侶也常有類似的故事。[29]

我在密蘇里大學創設「不可思議的巧合調查」時，超過兩千五百個回應者報告說，他們偶爾會體驗到遠方愛人所經歷的痛苦。[30]精神病學家史蒂文生（Ian Stevenson）檢視一百六十個被發表的案例，發現三分之一涉及了親子；朋友和熟人約佔百分之二十八；夫妻約佔百分之十四；而兄弟姊妹約百分之十五。父母親－孩子和朋友－熟人相對高的同時感應比例，顯示了情感上的連結更甚於基因相似，從而促進了這種互動。後續對同時感應者和見證者的訪談，使得史蒂文生的研究有了充分的證據。[31]

我決定將這種巧合形態命名為「**同時感應**」（*simulpathity*），這個字源自於意指「同時發生」拉丁文的*simul*，加上意指「受苦」和「感覺」的希臘語字根*pathy*。如同*sympathy*（「一同受苦」）所示，有同情心的人，能夠察覺別人的痛苦。在同時感應發生時，涉及者通常並非有意識察覺到他人的痛苦（除非兩人共享的痛苦定期發生），而是事後才辨識出這種同時發生的痛苦；當中並不暗含解釋機制。

「靈魂研究協會」（Society for Psychical Research）的設立者邁爾斯（Fredric W. H. Myers）於一八八二年創造了「心靈感應」（*telepathy*）一詞，原意為遠距離傳遞的痛苦，如同字尾pathy暗含的意思，也代表「感覺、熱情、受苦」。但如今，該定義已經轉變成「思想傳遞」的意思。[32]

有一回，榮格被隱隱發作的頭痛弄醒，他抱怨道：「好像有東西在敲擊我的前額，接著是後腦勺。」隔天他收到一封電報，說他的病人朝頭部開槍自殺了，子彈留在了後顱壁。[33]

在某個案例中，人類學者曼恩（Brett Mann）和杰伊（Chrystal Jaye）在《人類學與醫學》（*Anthropology and Medicine*）期刊中提道：有個名叫黛安娜的研究參與者，她在念小學時成為她那有輕微智力障礙的雙胞胎弟弟的保護者和守衛者。她能夠透過某種方式知道弟弟惹上了麻煩，而得以即時的去幫助他。「我記得在學校時我常想，如果我不照顧他，他要怎麼照顧自己？意識到這件事讓我有些驚慌……說起責任，我從幼年起就覺得對他負有很大的責任。」[34]

精神科醫師許瓦茲（Berthold E. Schwarz）記錄了許多類似的例子。他在一九六〇年代借用希臘語創造出「**遠距身體反應**」一詞來描述這些事件。[35]同樣的，這些案例也經歷了類似的感覺或實際身體變化，即使兩個人彼此相隔遙遠。以靈性照護聞名的杜西（Larry Dossey）醫師表示：兩副身體之間擁有一座共通的心橋。[36]

我們如何解釋這些同時感應的經驗？它所涉及兩人間的連結似乎比現今科學所認定的更加緊密。同時感應透露了心與心之間存在著某種管道，這些不可置信的人際連結，向我們指出了一種新的現實觀。

第三章 巧合的形態

人類一直在尋求一致性的結構和秩序，而且不斷找尋形態來藉以描述、預測和控制這個現實世界。用來標誌城市和建築的數字定義了地球上的所在地區；數字也能指示體育、學術、友誼和商業的價值；地圖規範了空間的秩序；鐘錶則規範了時間的秩序。許多日常例行公事，都創造出一個可預測的未來。數學語言能預測事物，例如，如果你能先考量兩輛車的速度和出發點，那麼，你可以預測在同一條路上朝向彼此行駛的兩輛車會在何處相遇。至於組成一個句子的文字，則包含了複雜的經驗。

同樣的，巧合的分類將這個複雜的領域區分出形態，從而浮現出秩序、用途和解釋。

巧合是由兩類事件形成：**心**和**物**。**心**的事件包括了想法、感受、情緒、感覺和意象，這些是主要的私人事件。此外，心包含了諸如悲傷的情緒，以及諸如痛苦的感覺，這些是公開的，別人能藉由觀察而推斷出來。**物**的事件只發生在公開領域，很可能會被別人觀察到。

「**心—物**巧合」是人們最常遇見的巧合形式。好比說，經歷巧合者想起、想像或感覺到某個事物，而這個事物與心外事件中的事物相似。這些事物各自在不同程度上具備了某種形式和意義，能與經歷巧合者心中的事物發生共鳴。它們可能是人、動物、植物和無生物，例如某本書籍、網路上或談話間和音樂中的文字。它們可能是遺失或被需要的東西，例如鑰匙和錢。它們可能是現實生活中的視覺影像，例如電影、戲劇、錄影節目、照片、圖畫和素描，也可能是機器、占卜牌卡，以及某些文化中的動物內臟和茶葉。任何看得見的事件都可以成為這個物，而這個事物具備了類似於（同形）心中某事物的形狀。

「**心—心**巧合」是兩個人擁有相同的想法、感受、痛苦或意象。這種巧合會在某人直接或透過中間人向另一人講述這種經驗時被發現。

「**物—物**巧合」是連續的兩個或更多的類似事物、象徵、數字、文字或其組合被覺察到的巧合。由於這些事物是公開的，所以不光經歷巧合者本人，每個人都可能見證到這種巧合的形式。連續性（seriality）就被包含在「物—物巧合」中。

「**後設巧合**」則是關於巧合的巧合。

＊＊＊

以下是說明這些巧合類型的軼事。

有些學者認為，大量的軼事只不過是由一連串的小故事組成，不足為據；有些學者（不正確地）想到一句著名的引文：「兩件以上的軼事不能算是（可以作為參考的）資料。」值得注意的是，出自史丹佛教授沃爾芬格（Raymond Wolfinger）的原始引文中，他的意思正好相反。沃爾芬格在一封電子郵件中寫道：「我是說，『兩件以上的軼事就算是資料了』，那時我在史丹佛帶領一個學年的大學研討班。情況是這樣的：某個學生駁斥了一個簡單的事實陳述，他說，那只不過是軼事罷了。那句引文便是我的回答。」[1] 所以你已經知道原委：兩件以上的軼事，**就是**一種（可以作為參考的）資料。

單一事件，如果是真實的，便代表了人類生活的一個事實。舉例來說，西方人一度相信天鵝全都是白色的，直到一六九七年荷蘭探險家弗拉明（Willem de Vlamingh）在澳大利亞發現了一隻黑天鵝，這個看法才被迫改變。如果有一隻黑天鵝存在，那麼，這世界上必定還有其他的黑天鵝。[2] 當然，情況確實如此。

你即將讀到的故事預告了關於黑天鵝的古老概念，特別是對那些首次體驗的人。這些故事似乎顯得古怪、稀有、獨特且難以置信。就像黑天鵝，如果有一隻存在，便極可能還有其他的黑天鵝存在。如果你知道「有意義的巧合」其實常常發生，那麼那些經歷者就能免於恐懼，不用擔心別人給予他們負面評價，還可以期待願意聆聽的人會用他們的共時性和意外之幸來作為回應。

心—物巧合

內心的事件與環境的事件產生了驚人的關聯。在以下的這些故事中，**人是巧合現象中的「物」**。

最令人愉快的巧合之一，就是兩個陌生人都需要、或渴望另一個不認識的人意外地出現。每個人通常都會積極找尋心中渴望的另一人，因此，在茫茫人際互動中找到你的愛侶，可能是最著名的心—物類型巧合。

我的一位密友在東海岸參加了父親的墓碑揭幕儀式之後，搭飛機返回舊金山。當時他已經完成了精神科駐院醫師的實習，但他不知道往後該何去何從，他的未來是一片空白，擁有無數種可能。當時飛機上的同排座位有一名年輕女子向他詢問時間，即使她手腕上就帶著一支大大的手錶。巧的是，這名女子也在探望父親之後從芝加哥返回。他們發現彼此有許多的共通點。

幾個月後，他們一起搬到奧勒崗州的波特蘭（Portland），女子將在那裡讀研究所，而他只想陪伴在她身旁，以及自由地創作。不久，他在波特蘭找到一份精神科的工作。他們結婚、生了兩個孩子，在一起生活四十年之後分居。在他們相遇時，彼此心中都想要找個終身伴侶，然後那人果真出現了，這和他們各自心中的意象與環境中的某物、某人相符合。

還有其他無數類似的故事。這些戲劇性事件發生的背景迥異，從人跡罕至的海灘到忙碌的機場，到轉錯彎和找到對的人，有時涉及了浪漫的故事，有時涉及工作或非常需要的幫助。

作家伊羅蒙格（John Ironmonger）告訴我以下故事：「有一次，我正在為寫一本新小說做功課，這本小說在說一個關於文明崩壞的故事（後來出版成為《莫忘鯨魚》〔*Not Forgetting the Whale*〕一書）。同時，我參考了一本相當有份量的書，那就是戴蒙（Jared Diamond）寫的《大崩壞》（*Collapse*，繁體中文由時報出版）。《大崩壞》一書在探討古代文明往往突然沒落的原因，我剛好從這本書中得到了有用的事實和觀察。我決定寫信給戴蒙（順便一提，他是普立茲獎得主），看看他的研究是否能支持我作為故事中的核心概念。

但我該怎麼連繫他？我沒有他的電子郵件，而且，現在還有誰在寫信？我知道他是加州大學洛杉磯分校的教授，所以我試了幾個地址（你猜得到的，就如jared.diamond@ucla.org之類的信箱），結果沒有一個奏效。

好吧，隔週我和妻子出發去旅行，我們從英國前往印尼，在蘇門達臘偏遠處的一間森林小屋用餐，當時我們幾乎是那裡唯一的客人——是的，幾乎。我注意到那裡還有兩位興致沖沖的賞鳥遊客，他們邀我們一起吃飯。沒想到，同桌之後我才發現，他們之中有一位竟然就是賈德・戴蒙！戴蒙來這裡過他的七十五歲生日！聊過之後，他對我的想法深表贊同。」[3]

動物作為物

接下來的一系列巧合，是以**動物作為物**。在有紀錄的人類歷史當中，大半時間裡動物一直具有象徵意義；有時，哺乳類、鳥類和昆蟲似乎反映了人類的想法和情緒。

鳥類可能紀念著某些人的死亡。二〇一六年六月十二日，二十九歲的保安人員奧瑪爾・馬丁（Omar Mateen）在佛羅里達州奧蘭多市一間名為「脈動」（Pulse）的同性戀夜總會朝群眾開槍，當場槍殺了四十九人，共有五十三人受傷。在這場對峙僵持了三個小時後，奧蘭多市警局的警員一槍射殺了奧馬爾。

隨後的守夜活動中，四十九位罹難者的名字被宣讀出來，這時有一群鳥突然振翅飛過。在場的一名攝影師注意到這件事，迅速拍下了照片。後來，她數算了照片裡鳥的數量，正好是四十九隻。她將照片拿給其他人看，並要他們也數一數。「我們全都嚇到了。」她說。這個舉辦守夜活動的場所，也就是腓力普斯博士表演藝術中心（Dr. Phillips Center for the Performing Arts）的發言人表示，這裡在活動期間，不曾釋放過鳥類。在這個巧合案例中，「心」是為四十九名死者而哀悼的集體和個人悲傷，而「物」則是那四十九隻鳥。[4]

榮格在他的著作《共時性》一書中描述了三個與鳥有關的例子，牠們在同一名女子的三位親屬死亡時，逐一造訪了死者的住家。這些故事是榮格某位病人的妻子告訴他的。在這名女子的祖母和母親過世時，她發現有很多鳥兒聚集在死者的房間外。想到這些鳥在有人過世時會來訪，這名女子不免擔心起丈夫的健康，並鼓勵他尋求醫療諮詢。雖然她先生一向健康，但在他做完身體檢查回家的途中，女子注意到有一群鳥落在他們的房子上——這些鳥再度觸發了她對丈夫性命的憂慮。接著，就在這瞬間，男人突然倒地身亡！這些鳥再一次陪伴她經歷了親屬的死亡。[5]

在其他的案例中，昆蟲也可能在被某人想起時一起出現。神話學者坎伯（Joseph Campbell）曾住在曼哈頓島格林威治村某棟大廈的第十四層樓。他的書房有兩組窗戶，其中一組俯瞰哈德遜河，另一組則面對第六大道。至於另外兩扇側窗，則幾乎從不開啟。某天，坎伯正在寫一章關於非洲喀拉哈里沙漠布西曼人（Bushmen）的神話，由於這則神話以螳螂作為核心的英雄人物，因此在他的書房裡，幾乎塞滿了有關螳螂的文章和圖畫等參考資料。

正當埋首工作時，他突然生出一股打開側窗的衝動。他望向窗外，不明所以地朝右轉頭，赫然發現就在十四樓的牆面，有一隻螳螂！坎伯說，這隻螳螂意味深長地看了他一眼，然後繼續沿著牆往上爬。在這個故事中，「心」的要素是坎伯極度專注於螳螂的概念，而「物」當然是正出現在牆上的螳螂。[6]

無生物作為物

有時，**無生物**也能作為「物」的角色。心中想著某個不可或缺或已經遺失的東西，然後，這個東西突然不知怎的就出現了。

內森．史坦（Nathan Stein）想成為一名醫生，但經濟大蕭條迫使他放棄了夢想，他只好將希望寄託在外孫凱文身上，凱文自幼便決定要讀醫學院。史坦去世時，凱文才九歲大，身為賓州州立大學的四年級生，凱文面臨高額學費的壓力，而他那從事房產經紀人的雙親只能更努力地提升成交量，以賺取生計。某天，凱文的父親謝爾曼注意到一則私人售屋廣告。雖然他極少直接接觸屋主，但他突然生出一股不可抑制的衝動，想要約見賣家。

改期了兩次約會後，謝爾曼終於與賣家碰上面。他手裡握著地址，心裡有種奇怪的感覺。走向前門時，他突然意識到這是他岳父的老家！正當謝爾曼想起這個巧合，這時門鈴響了，是郵差送來了一封要給十四年前過世的內森・史坦的掛號信。謝爾曼簽收了這封從銀行寄來的信，信中提到史坦生前擁有一個休眠帳戶，而這個帳戶正好有凱文需要用來上醫學院所需的一筆金額。

在這個故事中，「心」包含了四個人的意圖——醫學院預科生、他的雙親，和已故的外公；「物」是金額數量正好的錢，讓他能順利去唸醫學院。[7]

實際的地方作為物

實際存在的某個地方，有時也是巧合事件中的「物」。因此，房屋、公寓和辦公室形式的不動產，意外地引起巧合搜尋者的注意。

某藥廠的銷售代表告訴我一件關於她找房子的奇遇：「我丈夫和我原本決定買下目前租的房子，並進行裝修。沒想到，事情有了新發展。那天，我們開車到銀行申請貸款，回家路上我丈夫決定走比較遠的一條路；後來他說，他當時只是想隨便換條路走走。開車在路上，我看見一個女人在她的房子前正豎立起一塊寫著『出售』的招牌。我們停下來觀察，發現那房子完全符合我們的條件，於是我們馬上改變心意買下了它，那剛好是適合我們一家人住的地方。」

媒體作為物

不同的**媒體**可能是某個巧合中的「物」。媒體在心與物之間會創造出許多可能的配對組合。「不可思議巧合調查」中最常見的四項回答之一是：「我想到某個問題，結果，在還沒發問之前，我就從外部資源（廣播、電視或其他人的口中）得到了解答，以及，「我剛想到某個點子，不久就在廣播、電視或網路上聽見或看見它。」[8]

女演員西西・史派克（Sissy Spacek）向來不喜聽命行事。因此當歌手洛莉塔・琳恩（Loretta Lynn）告訴了八卦專欄作家，西西將在電影《礦工的女兒》（*A Coal Miner's Daughter*）中飾演洛莉塔這個角色時，西西大為不悅。因此，即使一切細節都尚未敲定，西西也決定會會洛莉塔本人。

西西和洛莉塔在路易斯安那州雪薇波特市（Shreveport）、洛莉塔的旅行巴士外的停車場首度碰面。沒聊多久，洛莉塔的人格魅力立刻說服了西西去飾演這個角色！然而西西感到有些不安，她猶豫著要怎麼飾演一個眼前還活生生的角色？後來導演認為西西不適合這個角色，但環球影業卻逼她接下角色，兩難中，西西的經紀人建議她辭演。

在緊張的推拒與拉攏之際，西西和丈夫傑克飛到華盛頓去探望他母親格麗。格麗住在一棟公寓高樓，開著一輛白色卡迪拉克大房車，由於她一向不愛鄉村音樂，所以車上的廣播總是固定在古典音樂頻道。當然，格麗也對洛莉塔一無所知。閒聊中，格麗聽到西西的困境，她建議西西可以跟上帝祈禱，或許會有指引，因此西西開玩笑般請求上帝賜給她一個徵兆。

當晚看電視時，他們看見洛莉塔上深夜脫口秀的節目訪談，言談間又說到西西會接下這個角色。西西心煩又起，她關上了電視，要傑克和她開車出門散散心。他們開著格麗的卡迪拉克兜風，突然間不知怎的，車上的廣播頻道已被調到別處，竟然播放起洛莉塔唱的〈礦工的女兒〉。這下西西當場決定出演那部電影，更在一九八〇年獲頒奧斯卡最佳女主角獎。[9]

在這個案例中，「**心**」設法要解決衝突，而「**物**」是廣播裡的歌曲。

機器作為物

有時，**機器**會成為心－物巧合中的「物」。機器似乎能回應人類的情緒。二〇一〇年六月二十五日早上十點十分，在白宮的橢圓形辦公室（Oval Office）裡，美國總統歐巴馬聽到最高法院支持通過《平價醫療法案》的消息，這是他總統任內的標誌性法案。他的幕僚歡欣鼓舞。早上十點三十分，官派攝影師拍下的照片顯示辦公室的時鐘，正好停在十點十分。[10]

疾病作為物

疾病也可能是巧合中的「物」。成功的醫療研究人員往往會專注於某個特定的概念，窮究一切可能想瞭解它，而有些研究者選定了專注於某個計畫，是因為個人因素。

伊莉莎白・塔格（Elisabeth Targ）早年在舊金山加州大學擔任臨床醫學教授並且執業行醫，她的研究誘使她去探究醫療領域中涉及身心靈連結的可能作用。在所有計畫中，最能激發她的熱情和投入的，莫過於研究治療時給予祈禱可能產生的成效。透過隨機的雙盲臨床測試，她和同事發現：有強烈的證據證明，一些愛滋病患如果能獲得擁有信仰的治療者從遠處為他們祈禱，這些病患的療效遠將高於沒有其他獲得祈禱的病患。

後來在一九九七年，塔格設計了一個研究，並在美國國家衛生院的資助下探索「遠距治療與祈禱」如何成為一種可以被訓練的技巧，並融入護理人員和其他專業衛生醫療工作。這個研究主要檢視：祈禱對於罕見且難治癒的病患（例如腦癌和膠質母細胞瘤）能產生何種效果。在獲得國家衛生院的資助不久，塔格本人竟然被診斷出罹患了同類型的癌症！然而，治療性的祈禱、放射線和化療都無法阻止這種快速發展的癌症，她在臨近四十一歲生日前去世。[11]

在這個案例中，「**心**」是伊莉莎白的專心致志於膠質母細胞瘤的治療，而「**物**」是她自己的膠質母細胞瘤。

未來事件作為物

未來事件可能是某些巧合現象中的物。有些人似乎能夠以有待解釋的方式去預料未來的事件，不過，我們最好將這種「預知」視為對可能發生事件的可能性，而非確定性的評估。人們傾向於記得那些被命中的事，而忘卻那些沒有命中的事。預知未來事件的時間範圍，可以從幾秒到若干年不等。

作家英格里斯（Brian Inglis）為他的著作《巧合：偶然之事——或共時性？》（*Coincidence: A Matter of Chance—Or Synchronicity?*）蒐集許多巧合故事，故事來源主要來自庫斯勒基金會（Koestler Foundation）的報告。

他發現以下某個間不容髮的救命舉動：驚悚小說作家福賽思（Frederick Forsythe）在擔任戰地記者時，曾出現過一種被人緊緊盯住的不適感，但是他沒瞧見周遭有任何人。突然間，他聽見二十碼外的一根木柱倒塌了，於是扭頭想看看到底發生了什麼事。剎那間，一顆子彈貼著他的臉呼嘯而過，重重地打入門框。他渾身冒冷汗的想，倘若當時他沒有轉頭，這顆子彈必定會打穿他的頭。他查看了那根倒塌的柱子，發現它已經被白蟻給蛀蝕了。「必定是某隻白蟻最後一口的啃咬，截斷了最後一絲木柴。」福賽思說。[12]在這個案例中，「心」是不想受傷的渴望，而「物」是使福賽思移動的聲響。

退休水手羅伯特森（Morgan Robertson）一八九八年出版了一本名叫《泰坦號的失事：又名徒然無功》（*The Wreck of the Titan: Or, Futility*）的小說，書中描述豪華越洋客輪泰坦號的首航之旅。這艘船雖然號稱「永不沉沒」，卻撞上了冰山而下沉，淹死了許多人。一九一二年，同樣號稱不會沉沒的豪華越洋客輪鐵達尼號（*Titanic*），在首航時同樣撞上冰山而沉沒，造成重大傷亡。

在羅伯特森的小說中，那場駭人的船難發生於四月，一如真實事件發生的時節。書中泰坦號上有三千名乘客；而鐵達尼號上有二千二百零七名。[13]書中的救生艇有二十四艘，而鐵達尼號上有二十艘。羅伯特森必定熟知這種尺寸的船隻是有可能建造出來的，但想要知道船名和冰山則困難得多。

「心」是羅伯特森想像出來的泰坦號故事，而**「物」**則是鐵達尼號的真實故事。這個巧合還有進一步的層面：許多預定登上鐵達尼號進行一九一二年首航的人，已經預感到災難的發生。**「心」**是災難的意象，而**「物」**是鐵達尼號的沉沒。[14]

心—心巧合

「心—心巧合」包括共有的想法、共有的情緒和身體感覺，以及「人體GPS」，我用上述名稱來表示一個人無需有意識地進行規劃，便可以在正確的時機前往需要到達的地方的一種能力。

雙胞胎，尤其是同卵雙胞胎，最常發生心—心巧合的現象。他們隔著遙遠距離同時分享相似而強烈的心理和身體狀況，他們的心和身似乎連結在一起，彷彿從頭到腳是同一副身體。畢竟，他們分享了幾乎完全相同的早年生活經驗——在母親的子宮中同時發育，並在大約相同時間來到外在世界。[15]

英國作家普雷費爾（Guy Lyon Playfair）總結了關於雙胞胎心靈感應的研究。二〇〇四年，倫敦國王學院（King's College London）雙胞胎研究與遺傳流行病學系進行了一項調查，獲得了五千多份的回答。雙胞胎被問到「是否能知道對方發生什麼事？」近百分之四十的雙胞胎回答：確實如此。

普雷費爾概述作家羅桑保（Mary Rosambeau）的研究，她為了寫作《雙胞胎如何長大》（*How Twins Grow Up*）一書而做研究時，曾在報上長篇大論的呼籲人們回答她的雙胞胎問卷，結果居然收到了六百份的回應。這份針對雙胞胎的問卷包含了兩個問題：

1. 你或你的雙胞胎兄弟姊妹是否有任何經驗，可以被解釋成能「讀懂彼此的心」？如果有，是什麼樣的經驗？
2. 你是否曾驚訝於你們兩人同時得到相同的疾病或疼痛？

一百八十三個「是」的肯定回答，包含了以下類型：

1. 「知道」其中一個雙胞胎何時會打電話給另一個。
2. 同時說出相同的事；唱出另一個人剛剛想到的歌。
3. 在做完相同的回家作業後，用一模一樣的話回答了同樣的考題。
4. 他們「就是知道」另一個雙胞胎有麻煩了。他們說：「我覺得有些不對勁」、「我感到很不安」或者「我難過得不得了」。
5. 他們似乎做相同的夢。
6. 他們承受著相同的疼痛或損傷。

雙胞胎研究與遺傳流行病學系隨後進行更詳細的調查，為這些發現提供了清楚的證據支持。數量驚人的異卵雙胞胎都提及，兩個人之間有心靈感應和做過相同的夢，而同卵雙胞胎所報告的相同案例幾乎是兩倍之多。[16]

普雷費爾說了一個值得注意的故事：某個眼圈明顯烏青的六歲女孩向她母親保證，她沒有發生意外，也不覺得疼痛。大約同一時間，她的雙胞胎姊妹在遊樂場裡跌倒，她的眼圈烏青更甚，而且痛得厲害。當時的情景被拍攝下來，後來在電視上播放。[17]受傷的雙胞胎的身體意象如此深刻地植入她姊妹的心中，似乎在她心中造成了相似的身體意象，以及相似的外傷。

雙胞胎共享情緒和行為的另一個恐怖版本，與羅穆盧斯和瑞摩斯*有關。某次，瑞摩斯因故對妻子大發雷霆，原本想勒死她，最終卻將她給刺死了。幾乎同一時間，他的兄弟羅穆盧斯和女友外出，他們兩人的關係顯然和諧許多，但不知怎的，羅穆盧斯突然感覺到某種未知的力量，逼迫著他將女友給勒死。[18]可以說，瑞摩斯心中的衝動似乎激發了羅穆盧斯心中的類似衝動。

這類事件有時也發生在一般人的身上，如同前文描述同時感應時所提到的，這或許和事件發生時兩個人的連結程度有關。某種想法、情緒或身體傷害可能在大約相同的時間反映給遠處的另一個人，這些顯然算是「心—心巧合」。舉例來說，許多人發現他們毫無來由地想起了某個人，接著電話鈴聲響了，來電者恰巧就是那個人。或者，當電話鈴聲響起，他們本能地知道是誰打來的，結果確實是那個人。[19]

生物學家謝德瑞克（Rupert Sheldrake）讓這種研究變得正式化。他和史馬特（Pamela Smart）招募自願者來猜測四個選定的來電者中，哪一個是目前打電話的人。實驗對象挑選至少兩個認識的人進入這個四人群組中，接著，用投骰子的方式選出其中一個人來打電話。在五百七十一次試驗中，他們共猜中了兩百三十一次，成功率達百分四十，遠高於預期的百分之二十五平均值。可以推斷，彼此感情越親密，越能正確猜出四人中誰是來電者。[20]

同時活動

兩個有感情連結的人，**隔著一段距離同時做著相同的事**，這顯然是種巧合。美國作家史奎爾．魯斯內爾（SQuire Rushnell）說了克里斯多夫（Christopher）和瑪莉詠（Marion）的故事。他們在差不多相同的時間經歷離婚風波，目前還處在發慒的狀態，所以即使他們對彼此有好感，但對於親密關係的恐懼讓他們躊躇不前。兩人居住的地方相隔兩千英里，然而，他們想結婚的意願日漸強烈。

* 譯注：羅穆盧斯和瑞摩斯（Remus and Romulus）是羅馬神話中羅馬城的奠基者，兩人是一對雙胞胎，他們的父親是戰神馬爾斯，母親是一名女祭司。

某天，克里斯多夫恍神般站在書架前，他拿起一本《愛的本質》（*The Nature of Love*），隨意翻到探討紀伯倫＊作品的那頁。他讀到：「獻出你的心，但不要讓彼此保管，因為只有生命之手能容納你的心。」他心有所感地打電話給瑪莉詠，情不自禁地讀出了這幾行字。對方停頓了好一會兒，然後告訴他：「此刻，我腿上就放著同一本書……《愛的本質》，對嗎？。還有，我唯一讀過的部分，就是你剛剛讀給我聽的那幾句。」[21]他的心和她的心想到了同一件事。

同時感應

同時感應的經驗是「心—心巧合」的原型。很多案例中，強烈的情緒和身體傷害似乎按下了心靈感應的「傳送」鈕。

以下第一個故事出自英格里斯的著作《巧合：偶然之事——或共時性？》，故事是這樣的：瓊（Joan Harper）回想起她當時正和友人共進晚餐，預計會待到晚上十一點，然後回家陪丈夫。「晚餐正要開動時，我心裡突然湧起一股強烈的感覺，覺得應該立刻回家！」她無法忽視這股異樣，迅速地趕了回家，結果到家時發現丈夫需要急救。所幸她的即時救援，她的丈夫得以保住一命。[22]這個案例中，丈夫心中的驚恐無疑顯現在瓊的心中。

榮格派治療師霍布奇（Rob Hopcke）說到一位名叫傑瑞的病人的案例。霍布奇對傑瑞的治療早在一年前就結束了。某天，霍布奇夢見傑瑞身處一棟位於海邊的房子裡，躺在床上正艱難的呼吸。不久，傑瑞突然決定回來重新接受治療，他告訴霍布奇，幾個月前他的病情開始惡化，他在一家濱海旅館裡試圖自殺，但沒有成功！當時傑瑞就這樣一直躺在那家濱海旅館的床上，三天後才自行醒了過來。霍布奇查看自己的夢日記，證實傑瑞就在他作夢的同一週自殺未遂。[23]傑瑞心中所反映自身情緒和現實的意象，竟然同時出現在了霍布奇的夢中。

榮格也提到一個類似事件：他的某個舊識夢見一位朋友猝死了！隔天的電報證實了這人的死亡。[24]

強烈的死亡情緒，似乎能進一步增進與之連結的另一人接收到訊息的可能性。一九三〇年代，住在倫敦的羅絲（Rose Rudkin）醒來後，得知住在俄亥俄州的母親已經過世。羅絲對自己是怎麼知曉這個噩耗感到不明就裡，但沒多久，傳來了一封海外電報，證實了這個印象。精神病學家史蒂文生（Ian Stevenson）透過通信聯繫，與羅絲

＊ 譯注：紀伯倫（Kahlil Gibran,1883-1931），黎巴嫩詩人、作家和畫家，融合神秘主義和浪漫主義的散文詩作影響後世甚廣，代表作有《先知》和《沙與沫》等。

和她兒子見面，加上檢視她母親的死亡證明，證實了這個故事。[25]這個案例中，母親心中的垂死感覺就出現在女兒的心中。

想法

在某些巧合中，某個**想法**可能反映在同一地點的另一個人的心中。心靈感應通常是指遠距的心理事件，但也發生在許多不同的情況下，包括進行心理治療時、在教室裡，以及與動物相處。由於心靈感應不被主流科學承認，因此，確實發生的心靈感應事件顯然會被視為只是個巧合。然而，一旦科學承認心靈感應和其他超覺事件為真，那麼，這些事件便不再只是巧合。

佛洛伊德認為想法—移情，或心靈感應，具備了真實的「核心」。他說，「我們不免懷疑這種現象（心靈感應）是人與人之間最初的古老溝通方式，而且在種系演化的進程中，感覺器官之間的互相回應，已經被更好的訊息發送方式給取代了。然而，這個比較古老的方法可能一直存在於背景中。」[26]佛洛伊德早年曾批評榮格對超自然現象的過度重視，不過，心靈感應在精神分析領域持續被視為是值得研究的主題。[27]

除了心理治療，在其他情境中也存在著心靈感應的潛力，例如教室。安東尼（Marcus Anthony）是一名作家，也是一名執業的心理諮商師，目前在中國、香港和東南亞各地任教。他在訪談中告訴我以下故事：有一回，安東尼派功課給他的班級，要求這群班上的十四歲男孩創作出一個駭人聽聞的神秘故事。當晚，安東尼夢見「警方在監視開膛手傑克。」這個夢的氛圍既黑暗又陰鬱，以至於他醒來時心中留下了鮮明的感覺。

去學校的途中，他的車跟在另一輛車後方，看見前車的車背貼紙上寫著「傑克回來了！」那是個威士忌的廣告。

在課堂上，安東尼看了一輪教室的學生，尋找「能量」所在，他的直覺告訴他應該從詹姆士開始。「然後，詹姆士說起了一名女子被殘忍殺害的故事：警方正在搜捕犯案的男子。後來他們找到了這名男子準備進行逮捕，但男子展開反擊。混亂中警方開了槍，男子大叫著倒地。不久，男子漸漸沒有動靜了。在這個代表死亡降臨的時刻，突然有一道令人毛骨悚然的黑影從男子的屍體中升起，那是開膛手傑克的幽靈！」

安東尼表示：「共時性引導我去面對童年期間深受某女性人物傷害的那部分的我。我發現自己在精神上被那名撫養我的女性狠狠地閹割，那種經驗讓我懷著根深柢固的復仇渴望。當時我並沒有察覺，後來，這種憤怒使我在成年後無法與女性形成親密關係。」[28]

許多狗主人認為他們的狗能讀懂他們的內心，[29]反過來說，或許我們也能讀懂狗的內心。我有過一個經驗：我有位朋友幾週後就要結婚了，某次我離開他家時，我看著他的狗，那是一條雌性的羅德西亞背脊犬，牠也盯著我看，彷彿在跟我傳達些什麼。這時我腦中突然冒出一個畫面，我不假思索地問了那隻狗：「你要當花僮嗎？」我的朋友，也就是狗的主人嚇了一跳，然後迅速回答：「對啊！你怎麼知道？」我也嚇了一跳。或許，那隻狗心中有個我可以用我的心來讀取的意象。

羅莎琳．伯恩（Rosalyn W. Berne）是維吉尼亞大學工程和社會計畫、科技與社會（STS）學系副教授，也是一位聽懂馬說話的讀心者。她在一次不慎落馬後開始具備了這種能力。有一次，她騎馬涉過哥斯大黎加的一條河，那匹馬似乎有些躁動，她聽見馬問道：「你還好嗎？」接著又聽見那馬說：「我將被帶離賽馬場去接受更多訓練，我覺得很不安，我只是需要休息。」羅莎琳將這件事告訴馬主人，主人感到十分驚訝。羅莎琳如何知道那匹馬即將被帶去接受訓練？是那匹馬告訴她的。在大量進行人馬溝通能力試驗後，羅莎琳和無數的馬匹進行交談，也幫助許多馬主人與這些高智能動物培養關係。她的心能夠與馬的心連結。[30]

潛意識的身體對應

潛意識的身體對應，是指人們在同一個地點經歷了類似的身體疼痛。這種體驗不只是移情，他們的身體似乎也經歷了相同的事。

「丈夫假分娩」（couvade）現象，是指男性經歷了他們伴侶懷孕時產生的噁心感。加拿大紀念大學（Memorial University）研究人員的一項研究發現，懷孕的女性及其男性伴侶在他們的孩子出生前，會有相似的催乳素和皮質醇濃度。在孩子出生後，母親和父親的性類固醇（睪固酮和雌二醇）濃度會下降。同理，懷孕症狀的男性會有較高的催乳素濃度和較低睪固酮濃度。[31]

以下是某名女子接連五年設法要懷孕的故事。某天，這名女子的丈夫清早醒來，在聞到早餐的味道時感到一陣噁心，於是衝進浴室嘔吐。隔天早上又發生同樣的事。他得了潰瘍嗎？不，但是他妻子成功懷孕了。只是丈夫正在經歷孕婦晨吐，而妻子卻沒有。丈夫的症狀持續了四個月，即便當他與妻子相隔幾英里遠也是如此。[32]這名丈夫在自己心裡和身體感覺到通常是孕婦才會經歷的症狀。

在不少案例中，當雙胞胎之一懷孕，另一個也可能會經歷假分娩現象，[33]這被稱為「生理移情」或「局部同時感應」。

物—物巧合

心—物和心—心巧合至少涉及了一個私人事件，所以只有經歷巧合者觀察得到，而物—物巧合的每個要素都可能被第三者觀察到。主要的「物」包括了生物和非生物。

在職場上，雇用新員工可能會是一種冒險。在擔任密蘇里大學精神病學系系主任期間，我必須找尋和聘用新的教職員，這個過程一般都是在精神病學報上刊登廣告，以及打電話給其他城市的同行，詢問是否有合適人選。但我的方法不一樣，我聘用的教職員多半是那些先前連繫過我們，看看系上是否有職缺的人。我喜歡倚賴我們系上正好有需求的時機巧合，還有遇上優秀精神病學家或許希望和我們共事的渴望。

當時，我聘用了每一位與我們連繫的女性，共有五位，她們集體的故事尤為驚人。入職不久後，她們每一位都懷孕了，其中，第二、第三和第四位生下了雙胞胎，而第五位已經好幾年想方設法希望懷孕，結果也在獲聘不久後成功懷孕；但不像其他三位生了雙胞胎，她只生了一個。

這件事有個可能的解釋：當適孕年齡的女性找到了滿意的工作，她們會變得比較放鬆而更容易懷孕，因為擁有一份新工作能增加懷孕的機率。然而，這裡接連出現的雙胞胎更加驚人。以籃球比賽做比喻：在一場比賽中，某位球員的得分、助攻和籃板達到兩位數，稱作大三元；而我系上的得分是——三位生下雙胞胎的女士。

第一位女士生下單胞胎，在系上待了幾年後，她在一個較溫暖的地方找到了一份兩倍薪水的工作，她的離職是系上的重大損失。第五位女士開心地撫養她的單胞胎，但不到兩年就和我們道別，因為她丈夫在別處找到了更好的工作。最後，大三元家庭留了下來，這三位女士繼續對系上做出重大貢獻。在我們系裡獲得新工作的三位女士，每一位都有相同的經歷：懷了雙胞胎，並且長期在系裡任職。

另一個「物—物」巧合的例子裡，我的一位病患正努力對抗酗酒問題。如同任一種需要刻意改變的生活形態，當事人必須認清這個事態，並下定決心要改變，才可能成功。然而，這名女病患不願為此做出改變，並且決定不再來找我。她陷入深深的自憐當中。

後來，她接連幾天發現自己被酗酒的意象給淹沒。她看了一部老電影，《酒與玫瑰的日子》（*The Days of Wine and Roses*），片中講述一名女子從喜愛巧克力，逐漸淪落到對酒精上癮。然後，有人告訴她，她的某位遠房親戚最近死於飲酒過度引發的併發症。至於這位女病患自己，某天則差點被送一輛運送啤酒的卡車給撞上，所幸她只被碎掉的威士忌酒瓶給割傷了腳。有一天，女病患坐在咖啡店，無意中聽到鄰座在聊「匿名戒酒會」的話題。在見證了這一連串事件後，她接受了暗示，開始參加戒酒集會。她知道我對巧合事件感興趣，於是大方跟我分享了此事。這個案例中，這些「物」（事件）都是公開的事件。

點子

同時存在的獨立發明和發現告訴我們，如果某人想到一個新點子，很有可能別處的某人也已經想到了這個點子，或者，其他人很快就會想到同一個點子。這種情況有個簡單的解釋：當代的問題會吸引當代的解決問題者，他們全都在相同的限制下努力，運用目前可知的理論和技術來解決問題。此外，人心相連，並透過集體意識在潛意識裡互相溝通（第十二章對這個主題有進一步的探討）。

歷史上有許多例子說明了這種巧合的類型。微積分是十七世紀的牛頓、萊布尼茨和某些人在大約相同時間裡各自發展出來的。氧氣是十八世紀的舍勒（Scheele）、普利斯特里（Priestley）、拉瓦節（Lavoisier）和某些科學家同時發現的。十九世紀的達爾文和華萊士（Alfred Russel Wallace）兩人同時提出了演化論。一八七六年二月十四日，格雷（Elisha Gray）和貝爾（Alexander Graham Bell）在同一天各自申請了電話的發明專利。上述和其他許多例子在一九二二年被編入一份刊物！[34] 此後還有更多的例子出現。不過，說到底，通常第一個將發現或發明給公開示眾的人，才能被視為有貢獻者。

一九五一年三月，分別住在美國和英國的兩位漫畫家將一個常惹麻煩、名叫丹尼斯的小男孩介紹給讀者，而且，兩個丹尼斯各自有一隻狗來幫忙製造混亂。兩位漫畫家都將這個連載漫畫稱作「討厭鬼丹尼斯」（"Dennis the Menace"）。今日抄襲（Plagiarism Today）網站上的某篇文章表示：「雖然許多人認為這兩個人當中，必定是一人抄襲了另一人，但情況顯然不是這樣。兩位創作者非但無法獲知對方的創作內容，事實上，他們的創作方式也截然不同。」就創作態度而言的確如此，但結果則不然。英國的丹尼斯故意闖禍，而美國的丹尼斯則像天使一樣善良，卻不停惹上麻煩。兩個男孩都極受歡迎，他們觸動了文化上的快樂神經——壞男孩的原型。[35]

以上每個案例中的「物」，都是一個獨立被發現或發明的概念。

數字

亞利桑那大學心理學教授許瓦茲（Gary Schwartz）發現了一連串的「物—物巧合」。他明智地表示，可能因為他將某些物件置於心的前沿，而使他更容易發現它們。在他的著作《超級共時性》（*Super Synchronicity*）中，他描述了一連串超過六個涉及「數字十一」的「物」：蜻蜓、熊、鴨子、渡鴉和「共時性」一詞。[36]

數字是本身具備真實的性質，或者是由人的心賦予真實的符號？沒有人知道。對某些人而言，數字巧合充滿了玄秘的意義。[37]而對大多數人來說，數字只是日常生活中出現的尋常事物。我們實際上被數字給包圍，時間、天氣、廣播和電視台、街道編號、住家和工作場所的地址、電話號碼、帳單、租金、貸款、雜貨和其他家用品的採購、生日、週年紀念日、死亡、書頁、銀行帳戶、存款、信用卡和簽帳金融卡、密碼、債務、財務損失和其他……既然有這麼多的數字來源，因此出現一連串特定數字是很有可能的，無論它們是否被注意到。

某些數字串，尤其在特定範疇內，例如時間或金錢，似乎更容易引起人們的關注和想像。人們會說他們時常注意到時鐘上的某些數字，例如11:11、2:22、3:33、4:44、5:55、2:30和9:11。他們對這些數字的覺察，似乎使他們再次留神去發現相同的數字。在十二小時制的鐘錶上，每個數字會出現兩次，因此都有重複的機會注意到它們。

事實上，當我在撰寫這段關於數字的內容時，我兒子卡爾倫打電話給我，說到我的看門犬瓦爾特目前的就醫狀況。掛斷電話後，我的手機顯示11:11。當天稍晚，我打開手機用電子支付方式將獸醫費用轉給診所，當時的時間是1:11。在這個案例中，「物」是11:11和1:11。

名字

如同數字，名字也經常重複出現，有時是多達五個或更多的一長串。在他的《當上帝對愛眨眼》（*When God Winks on Love*）一書中，魯斯內爾說到了書中角色傑瑞的故事，內容是關於「金柏莉」這個名字。

傑瑞的妻子金柏莉要求離婚，他不情願地簽下了離婚協議。幾年後，他開始和另一個金柏莉約會，但沒多久兩人的關係也日漸疏遠。某天，他決定開三小時的車去他妹妹家拜訪，而她妹妹的名字也叫金柏莉。出發前，他先去了一趟乾洗店，他前妻金柏莉正從那裡要離開。接下來他回到卡車上，準備出鎮前，剛好在附近逛街的前女友發現了他，走過來和他聊了一下。後來，他到Kmart百貨買軟片，排在他後方的是另一名叫金柏莉的女子。接著，他又拿了瓦斯罐去結帳，沒想到收銀員又叫金柏莉！這個人一個小時內遇見了五個金柏莉，後來他未來的妻子進入了他的人生，也叫金柏莉！[38] 這個案例中，「**物**」是金柏莉這個名字。

動物

巴爾的摩的某作家和原稿編輯連絡上我，談論她所經歷的巧合。我們見過幾次面，也用電子郵件保持連繫。她告訴我以下關於她的「圖騰動物」猴子接連出現的故事。

「我那個值得注意的一連串巧合，是從二〇一〇年開始不斷發生的，就在我進行了一個極其簡單、但深入心靈的禱告之後。那天下午，以及此後的每一天，我時常見到可被描述成『圖騰動物』的東西，作為我人生道路的某種里程碑。它們不是朦朧的影像或聲音，而是一些可以觸及和追蹤的參照物——在我的書本、部落格、廣告板、歌詞、電視對話，以及我所編輯的原稿裡。

這些文字段落每天出現（一天多達十次！），為我的生命歷程提供了路標，同時也賜予我神聖律法的功課。它們主要透過隱喻和我溝通，但意思清晰且充滿了智慧。其中一些訊息是由生動活潑的標語簡潔地傳達給我，此外，還有許多具備了深刻寓意和原型的訊息。我持續記錄這些訊息，目前我已經將之結集成冊。這一連串驚人的共時性打開了我的心靈，帶我踏上體悟宇宙真理的終極旅程。」[39]

植物

某些植物會製造一些能夠影響心理的化學物質，作用類似於人類大腦中的化學物質，例如最初源自罌粟花的鴉片劑，數千年來就一直被使用在娛樂和醫療用途。最強效的鴉片物質是嗎啡——這種物質是按照希臘夢神摩耳甫斯（Morpheus）的名字命名——其次為可待因，它們都能刺激大腦中的鴉片受體，造成舒緩疼痛、良好感覺或成癮。

人類和其他脊椎動物大腦所產生的腦內啡，是讓許多人在辛苦健身後感覺舒暢的原因。*endorphin*（腦內啡）這個單字是由*endogenous*（內源的）「來自體內的」和*morphine*（嗎啡）組合而成。換句話說，腦內啡的得名，是因為它們刺激到鴉片所刺激的相同大腦受體。[40]

大麻也是如此。人體和動物都可以自然地合成內源性大麻素，這是像Δ9—四氫大麻酚一樣能活化相同受體的一種化合物，也是對心理造成影響的大麻成分之一。[41]

兩者都是刺激大腦相同受體的外源和內源化學物質，能產生與人腦受體共鳴的化學物質，這可能是確保這些製造出該物質的植物得以被人類栽種的一種適應方式。但問題依舊存在：鴉片和大麻植物一開始為什麼會製造出這些物質？

完整的循環

隨著時間推進的生命事件螺旋，有時會以令人驚奇的方式連接起過去和現在。在《巧合之外：驚人的巧合故事與它們背後的神秘與數學》（*Beyond Coincidence: Amazing Stories of Coincidence and the Mystery and Mathematics Behind Them*）一書中，作者普利默（Martin Plimmer）和金（Brian King）講述了艾倫・契克（Allan Cheek）的故事。

契克是一名渴望升遷的員工，然而在工作上，他往往必須在利益和良心之間做出抉擇。在好不容易得到升遷後，老闆向他道喜，並跟他描述了下個計畫——詐騙某位潛在投資者的一大筆錢。契克拒絕了，還揚言如果老闆執意推行這個計畫，他就立刻辭職！然而，老闆沒有妥協的意思，所以儘管契克很需要這份工作，他還是辭職了。接著，他開上八十英里的車去警告那個尚未起疑的投資者。可惜，這位可能的受害者並不相信契克的說詞，最後契克只好無奈地離開。

兩年後，契克在陷入困境的另一家公司工作。這家公司的開支浪費，積欠下大筆債務，董事長即將收掉公司。契克努力研究脫困的辦法，還建議公司許多發展方案，並積極與董事長討論。經過幾個小時的激烈談判，董事長將執行長給免職了，讓契克接替上任。

契克手上能運用的現金非常有限，他的第一步是遷出昂貴的辦公大樓，搬到一間較便宜的辦公室。他查詢出租廣告，去看了一間位於車庫上方的小型工作室。這裡的空間勉強夠用，租金也便宜許多，但即使如此，公司還是負擔不起。他請求房東信任他這樣一家瀕臨破產的公司，允許他延遲付租金。

「你說你叫什麼？」房東問。

「艾倫・契克。」

「喔。兩年前，你是否警告過一個男人，說他即將被詐騙？」

「是的。」

「那個人是我兄弟！他差點兒失去一輩子的積蓄。好吧，你隨時可以搬進來，等你有錢再付租金吧。」

四年後，契克的公司清償了債務，還搬進了更大的辦公室。[42]

整合醫學（integrative medicine）醫師韋爾（Andrew Weil）告訴我這個故事：當他還年輕時，曾到南美洲的叢林裡探險，觀察當地薩滿師的治療方式。他在一家由兩名德國女子經營的哥倫比亞旅館休息，而當時這對姊妹大方地請他吃了一塊美味無比的起司蛋糕。離開旅館後，他對起司蛋糕念念不忘，只可惜當時沒有向她們索取烘焙配方。不過，他也不知道這對姊妹叫什麼，所以根本無法取得連繫。

數十年後，他在賓州費城舉辦一個研討會，一名來自哥倫比亞的年輕醫師過來和他攀談。他問她來自哥倫比亞的哪裡，深聊之下，他發現他很久以前遇見的那兩位女士，居然是這位年輕醫師的外婆和姑婆！而這位女醫師竟然擁有那個家傳起司蛋糕的配方！

分身

分身（*Doppelgangers*，德語「二重身」）是指具備許多相同特性的兩個陌生人，最常見的是兩個人看起來就像一對一模一樣的雙胞胎。小說裡有時也會出現彼此互為鏡像的人物，例如狄更斯的《雙城記》（*Tale of Two Cities*）。[43]

卡默勒提出的「連續性」其中一例，描述了兩個年齡相同的士兵，他們來自相同城市，擁有相同的工作、疾病、名字、姓氏和身體相貌，這個例子無不說明了酷似彼此的分身。現在，如果你也想找尋一個和你相貌相似的人，可以透過臉部辨識網站讓你連繫到對方。另外，也有網站宣稱可以替你找到與你極其相像的名人。然而，無論這些搜尋引擎是否有效，在為數七十億的人口中，在遙遠的某處，必定有某個和你非常相似的陌生人，即便你的分身可能尚未出現在資料庫中，但大多數人必定至少會有一個跟自己極其相似的人。

或許日後會有人研究這個問題。

後設巧合

巧合可能與巧合有關，這種巧合稱作「後設巧合」（meta-coincidences）。*meta*（意為「在……之後」）這個字首是用來指出一個巧合以某種方式評論另一個巧合，或者與另一個巧合有關。這兩種形式的巧合中，比較簡單的那種涉及某人在研究巧合的過程中就經歷了巧合。更複雜的後設巧合則涉及了一對巧合，通常發生在短時間內，其中一個巧合的內容直接與另一個有關，而內容不必然涉及巧合的概念。

關於巧合主題的巧合

以下是最簡單的形式。

某次，一位網友寫信給我，信中寫到：「巧合無所不在。」碰巧我當時正好用同樣一句話在編輯一段文章。時機在這個巧合中引人注意。

在同類型的另一個巧合中，一位與我保持通信的顧問收到了來自線上非營利組織Academia.edu的電子郵件，該組織透過共同的興趣與相關領域的學者連繫。這封郵件裡附帶了我寫的一篇巧合研究，內容定義了「巧合敏感者」的特性。這位顧問對於巧合極為敏感，但他和我已有好些年未曾通信。

二〇一六年六月十九日，我遇見某位男士，他認識一個我曾合作過的共時性社會團體。他告訴我，六月十九日是他兒子的二十九歲生日，而我告訴他，那天也是我兒子的二十九歲生日！其中一個「物」讓我們在六月十九日相遇；另一個「物」，則是我們的兒子都在一九八六年六月十九日出生。

我的《與巧合連結》（*Connecting with Coincidenc*）新書提案被Simon and Schuster出版社給拒絕了，編輯們告訴我，我新書的內容太像知名作家亞歷山大（Eben Alexander）的暢銷書《天堂的證明》（*Proof of Heaven*，繁體中文由究竟出版）。然而據我所知，亞歷山大的書在談瀕死經驗，而我的書則在談巧合，我看不出兩者的重疊之處。

兩天後，我收到某位病患傳來的簡訊，他已經有十八個月沒和我連繫。「我被困在機場八個小時，所以利用時間讀了一本名叫《天堂的證明》的書，這讓我想到你那些關於巧合的研究。」我疑惑地問他，到底是哪裡相似？他回答，「你們兩個人都是醫師，並且都指出了當今科學思想的侷限之處。你們都設法在說明「意識」這玩意，有些理論超乎了目前人們的理解。」這段對我書的評論完全回答了我的問題。我認為這就屬於「後設巧合」。

當一個巧合評論另一個巧合

後設巧合有時涉及**兩個直接相關的巧合**。喬治．布里森（George D. Bryson）曾入住肯塔基州路易維爾市的某家旅館，之前他沒去過肯塔基州，所以想到處看看。他是從聖路易搭火車到紐約市，有人建議他去住布朗旅館（Brown Hotel）。他被分配到三〇七號房。抱著好玩的心態，他詢問櫃臺是否有他的郵件，結果對方竟遞來一封「給三〇七號房的喬治・布里森」的信。原來，另一個喬治・布里森前一天剛從三〇七號退房。[44]

這個案例中，第一個巧合是物—物巧合。一個物是相同的名字，另一個物是相同的房間。第二個巧合是心—物巧合。「心」是布里森詢問郵件的意圖，而「物」是給另一位喬治・布里森的信。經由詢問郵件而透露的相同姓名巧合，讓他得知名字—房號的巧合。

我可以舉另一個例子。我在二月十四日情人節那天和一位新認識的朋友聊天，他是一家天然食品商店的經理。我發現我們兩個都對巧合現象感興趣。他告訴我一個巧合，是關於當天稍早，有名女子在找波斯詩人魯米（Rumi）一段完整的引文，不久，這名女子去上瑜伽課，結果就聽見課堂上瑜伽老師完整引述了那首魯米的詩。

隔天的舞蹈課上，我問一位新朋友艾兒，情人節過得如何。她告訴我，那天她需要找出某首詩的完整引文，她還來不及說什麼，我接口：「而你的瑜伽老師剛好提到這段引文？她感到非常驚訝，我也是，因為我們都不知道她和那位經理彼此認識。

她知道的部分詩句是：「**在是非對錯的概念之外。**」

而瑜伽老師的補充：「**存在一個領域，我會在那裡與你相遇。**」[45]

兩天後，我接受一位製片人的訪談，主題是巧合。所以我問艾兒願不願意和我一起入鏡，她答應了。我們在影片中暢談魯米巧合，並在訪談結束後一起跳舞。

和比爾經理聊天讓我得知，這個巧合牽涉到一位不知名女士和她的瑜伽老師，這個訊息讓我接著說完關於那位瑜伽老師的事，她碰巧補足了艾兒想知道的詩行，從而創造出我與艾兒的巧合。艾兒與我之間的巧合接下來變成艾兒—瑜伽老師巧合的注解，結果創造出一個後設巧合。

我得再強調一次，這些概括的巧合類型——物—心、心—心、物—物和後設巧合——是為了幫助你辨識你所遭遇到的巧合，這種特定種類的巧合，可以作為對未來展開調查的跳板。

第四章　巧合敏感度

並非人人都能察覺到巧合的現象，因此問題來了：什麼情況和哪些人格特質，會使得巧合更常發生？在「不可思議巧合調查」研究中，我和同事們檢視了這個我稱之為「巧合敏感度」的問題。巧合敏感度是讓人容易注意到巧合因素的總和——敏感度越高，越可能注意到巧合現象。

在最初的階段，我們發現那些自稱靈性成長或信仰虔誠的人，比他人遇見了更多有意義的巧合。[1]隨後的研究中，研究團隊定義出一些與高巧合敏感度有關的人格特質。這些參與調查者是兩百八十名註冊了心理學課程的大學生，我們將他們在巧合調查中獲得的分數，與各種人格問卷的調查分數進行比對之後，出現了五項人格特質，作為潛在的巧合敏感度量測標準。

我們發現「指示性思維」是與巧合敏感度有關、最具重要意義的人格特質。擁有這種思維的特點是相信：「我周遭的事件都指向我，而且與我有關。」找尋巧合並從中發現個人意義，代表了一種自我指示的思維。第二種重要的人格特質是「正面和負面情感」。換句話說，強烈的情緒（無論正面或負面），都可能增進想法和周遭事件之間的連結次數。接下來是宗教信仰，這往往與上帝介入人們生活的概念有關，意味著巧合可以解釋成人們藉以接受指引的方式。最後一項重要特質是「尋找意義」。因此，喜歡探索人生意義的傾向，可能也適用於探索巧合的意義這個層面。[2]

在這份研究中，我發現是否相信直覺並不重要，它涉及了藉由那些被視為不太理性的方法在巧合中找尋重要性，並從中獲取結論。讓我們驚奇的是，直覺這個因素並不重要，儘管其他的調查研究者發現，在使用不同的直覺量表時，這點是重要的。[3]

我藉由分析巧合的形式，發現了對「共時性」和「意外之幸」的敏感度產生影響的其他形態。這些心理特性包括了容易在想法之間產生連結（聯想）的傾向、自我觀察者的活動，以及易於看見形態和更喜歡某些偏見。情境變數包括日常慣例的改變、環境的機動性，以及環境的豐富程度。

將事物聯想在一起的思維

在這些人格特質中，常見的公約數是傾向於將某個想法與另一個想法聯想在一起。每一項人格特質，都會以不同的方式促進觀察與想法、或想法與觀察的連結。「自我指示性思維」的這種思維方式，增加了將觀察與對自我的評論連結在一起的可能性。強烈的情緒則促進了想法的產生，然後轉而創造出更多的連結。例如，宗教信仰會使人去尋求相關的想法和經驗，以證實上帝透過如「巧合」這類小小的奇蹟來介入自己的生活。找尋意義則促使人們將外在經驗與內在需求連結起來，作為人生可能的指引。

佛洛伊德和榮格都鼓勵病患發揮聯想力來揭露隱藏的訊息。佛洛伊德主要要求病患利用文字[4]，從一個想法移轉到另一個想法。榮格則要求病患在心中先出現某個意象，然後思索這個意象，再報告它如何變化。佛洛伊德和榮格常常從病患夢中某個顯著的事件著手，他們都要求病患摒除理性和判斷，鼓勵病患在心中產生一個又一個的想法，直到最初那個有意識的想法與某個無意識的想法互相連結起來，「就像瀑布般連通了上下。」[5]

就如同佛洛伊德的自由聯想和榮格的主動想像，要關注巧合，也需要擱置理性的判斷，以便能使心外和心內的事物產生連結。

信息科學博士比約納朋（Lennart Bjorneborn）辨識出三個增進「意外之幸」發生的變數：好奇心、機動性，以及對環境刺激的敏感度。好奇心促進了刺激與其他想法間的聯結，而機動性則增進了刺激的數量。[6]

自我觀察者與辨識形態

在進行的自我覺察時，成為一名主動的自我觀察者（self-observer）[7]，是增進巧合敏感度的基本技巧（這個概念第十四章會完整闡釋）。主動的自我觀察者會讓人更容易接近心理事件，準備就緒的情緒能夠促進想法的產生，轉而創造出更多的連結。自我觀察者容易注意到心—物的相似性，從而增加了巧合被注意到的次數。

「辨識形態」指的是識別出以某種形態安排的一組刺激的認知過程，這種形態是該組刺激的特有典型。[8]要辨識巧合，必須具備將兩種形態配對的能力：將第一種形態貯存到意識之中，並在第二種形態出現時，將之活化。人們識別形態的興趣和能力各異，那些喜歡且善於辨識形態的人，更可能注意到巧合。

偏見

有些偏見確實強化了巧合敏感度。例如，如果你相信巧合會帶來好處，這會讓你更樂於看見巧合。「時間接近度」會影響你是否準備好要去注意巧合，因為時間相近所發生的事件會更容易被覺察，也更容易跟另一個事件配成對，從而產生巧合。

以時間的後視鏡來看，創造巧合的事件具備了更多的重要性——那正是「後見之明偏見」。在科學領域，有許多僥倖的發明，在事後回顧的時候就會浮現出它的價值。另外，一旦相信某事，我們的心便不願放下它，而且會去找尋能證實此事正確性的訊息——這就是「確認偏誤」。

此外，我們必須尊重許多人對信仰所抱持的強烈決心，這些人會輕易否認那些駁斥信仰的證據。[9]由於兩個事件之間的相似性正是巧合的基礎，因此，為了證實相似性，會讓人們更有能力去延伸某一事件的特點，使之與另一事件的特點相符，來證實他們所相信的巧合的確發生了！

改變慣例

人們通常每天都會遵循著某一套慣例生活。然而，只要改變或干擾日常慣例，就能增加巧合發生的可能。這些干擾可能是需求、生活壓力和強烈情緒所造成的。[10]需求，是一種目前缺乏某種必需品的感覺。人們會無意識和有意識地掃視環境，找尋潛在的資源來滿足這個需求。

生活壓力使得人們走出熟悉的慣例，進入未知的領域。例如從一個角色轉換到另一個角色、心理或身體狀況的改變，或從某個人生階段過渡到另一階段，包括結婚、死亡、出生、換工作、生病和關係改變，全都是迫使人們脫離日常慣例的壓力。

值得注意的是，有時，就連假期也會成為一種壓力源，儘管程度非常溫和。（霍姆斯─拉赫生活壓力量表〔Holmes-Rahe Life Stress Scale〕可以找到無所不包的生活壓力源列表。[11,12]表中的每個生活壓力源都會分配到一個數字，以表示它相對於其他項目的壓力大小。其中，喪偶的壓力最大，名列一百，而假期則是十四。）

強烈的情緒可能是正面或負面的情緒，它會增強內心希望與環境中其他心與物連結的衝動。

上述這些前置因素會彼此牽動，它們不全然是獨立的，而其引人注意的相對程度，則隨著環境而有不同。

機動性與環境的豐富性

由於許多巧合來自心─物的互動，因此，一個人在公開領域的移動速率，就會影響心與物之間的互動次數。另外，一個公開領域中，環境的豐富程度，包括想法、事物以及人口密度，也會影響到潛在的互動和巧合發生的次數。

哥本哈根大學（University of Copenhagen）皇家圖書資訊學院的比約納朋教授辨識出三個與「意外之幸」發生頻率有關的環境因素。跟我一樣，他也總結出一個結論：多樣化的環境（實質或數位）有助於增加發生意外之幸的可能。此外，在一個環境中是否能相對容易的移動，以及這個環境對感官造成刺激的能力，也十分重要。[13]

降低巧合敏感度的因素

必須注意的是，這些特質的任一項如果發展過度，反而會降低巧合敏感度。過多的生活壓力、太緊張的情緒，或太強烈的需求，也可能造成反效果，因為那會使人分心，無法去關注和產生連結，就像我們常抱怨這個時代環境中，有太多的事物讓心智超載。此外，在環境中快速移動也會使人分心，反而很難去注意到內心的事件；至於極端的情緒則往往分散掉當事人對環境和自由流動的心理活動的注意力。

既然你已經徹底了解巧合是什麼，也掌握了為巧合創造機會的條件，現在我們來探討人們為何相信巧合發生的理由。

PART 2 解釋巧合

第五章　統計學家的態度

主流科學認為，巧合只是一種隨機事件，毫無意義可言。統計學家時常用數字來解釋巧合。但是，光憑統計學就能解釋巧合嗎？或者說，這種論據是否合乎標準？我們需要弄清楚巧合的機率，以便進一步了解巧合。我們要如何測定巧合的機率？何時可能僅憑著機率來解釋巧合？

人們在經歷巧合的時候常想：「哇，這件事的發生機率這麼小！」但統計學家通常認為人們不善於直覺地計算機率。因為一件看似不太可能的事，其實是非常有可能發生的，而人們往往忽略基本的比率，專注在某件事明顯的不可能性，而沒有意識到這類事件的發生頻率。

基本比率能告訴我們某類事件發生的可能性——例如，某人被閃電擊中的機率。在美國，根據美國疾病管制與預防中心（Centers for Disease Control and Prevention）的說法，在某個特定年份，在美國被閃電擊中的機率大約是五十萬分之一。[1]

當我們得知羅伊・蘇利文（Roy Sullivan）一共被閃電擊中了七次，或許會大吃一驚！多倒楣的傢伙！我們接著發現他長期擔任護林員的工作，這項新資訊改變了事件的機率。當你大多數時間都待在戶外，被閃電擊中的基本比率當然會大幅提升。蘇利文顯然擁有遭遇最多次雷擊而倖存的世界紀錄。據說，他因此變成了一個偏執狂，堅信有某種高維力量想要殺死他！即便這股力量並未成功，但仍使得他和周遭的人擔憂不已。同事和熟人開始對他敬而遠之，這令蘇利文變得更加沮喪，最終在七十一歲自殺。[2]

巧合在生活中對個人產生的重要性，也使得我們無法恰當地計算基本比率。因為它就發生在**我們自己**的身上，具備了更大的重要性，感覺更特別、更不可能發生。就像蘇利文經歷的巧合，他本人覺得被雷打到這麼多次，簡直是極其非比尋常的事。

此外，評估機率可能也存在著文化差異：亞洲人相較於西方人，通常較少有因果關係的或然性思維。[3]

話說回來，人們很難評估機率，這跟巧合又有什麼關係？當某人判斷某個巧合不大可能發生時，統計學家會說，這個人已經迷戀上了不可能性——還有，這種巧合事實上根本並非那麼不可能。

那天也是我生日！

研究巧合的統計學家認為「一般人」通常不知道怎麼判斷機率。統計學家時常利用生日問題來說明這個論點：「房間裡需要有多少人，才能使任意兩個人是同一天生日的機率為百分之五十？」多數人猜想的數字都太大了。答案是二十三人。[4]

一般人犯的第一個錯誤，是誤解了這個問題。我們以為問題是：「房間裡需要有多少人，才會有兩個人在同一天生日，例如和我的生日一樣？」我們假定這個相配的生日已經被挑選出來了。在這個假定下，房間中超過一百人是相當充分的猜測。為什麼？因為具體指定生日使機率降低了許多。但是，不指定生日，則意味著哪一天都可以。因此，我們的第一個問題，便是大多數人沒有正確地理解問題。

第二個常見錯誤是，多數人忽略了當結果為是或不是時，機率是百分之五十的必要條件：**是**，有兩個人同一天生日；或者**不是**，沒有兩個人同一天生日。換言之，隨機的或然性說答案為是或不是，各有五十對五十的機率。大多數人不熟悉這個生日謎題答案的視覺意象：每個房間裡有二十三個人的一百個房間中，只有百分之五十的房間會有兩個人同一天生日。大多數人不習慣以這種方式思考機率問題的答案。

相似程度

巧合出現在觀看者的心中。如果沒有覺察巧合的意圖，這個巧合便不存在。對統計學家而言，人的認知過程錯誤也會創造出那些並不存在的意義。

我們可能因為覺察到某些並不存在的形態，而使得巧合突然發生。推到極致，這種傾向有個名稱叫*apophenia*，意思是「看見不存在的形態」。[5]（反義詞為*cryptophenia*，這是我創造的用語，意指「沒看見存在的形態」。）牛津字典將巧合定義為「在沒有明顯的因果關係下，事件或情況以值得注意的方式同時發生。」我們能藉由過度強調或延伸事件的相似性，以及選擇性記憶，來察覺這種同時發生的巧合。

讓我們來檢視這兩個十分常見的傾向。到底要多麼相似，才算是「相似」？電腦程式開發者正積極找尋這個問題的客觀答案，然而到目前為止，「相似程度」依舊是主觀的。人類仍然比電腦更擅長找出形態和判斷相似性。

有時我們可能將相似性延伸到合理範圍之外，從兩個或更多的事件中創造出巧合。我們之所以看見那些可能並不存在的相似性，是因為我們希望其中存在著連結。但「合理的」相似性的界限何在？這很難說得清。兩個特定形態之間的相似性可以由人類評估者（最終由電腦程式）按梯度來做判斷。目前，我們可以滿足於知曉人類辨識相似性的能力並不算太糟；以及，總會有人說我們所察覺到的相似，其實並沒有那麼相似。

相似程度在判斷巧合的機率上扮演著重要的角色。巧合中的兩個（或多個）事件越是相似，能夠成為巧合的發生率越低。比方說，你遇見某個朋友，發現你們兩人都穿著從同一家店買來的相同襯衫和褲子，而且你們不是一起去買的，也沒告訴對方你們買了這些衣服。這件事的發生率比你們穿同一個顏色、但不同款的襯衫和褲子的機率還低。相似度越高，機率越低。

我們會無意識地挑選想要看見和記憶的事物，因為我們必須從迎面而來的大量刺激中篩選訊息，如果不加以篩選，大腦就會超載。因此，我們能夠、也的確選擇性地去記憶某些細節，然後將這些細節與當前的事件配成對。如果做不到這點，巧合就少了許多。[6]而且，我們也會一直活在此刻此刻，而無法與過去經驗做連結。

有些人將這種記憶與配對發展過了頭——只挑選合適的記憶來創造巧合。另外，有些人則可能碰上了巧合而不自知。

影響機率的其他因素

還有哪些因素會影響巧合的發生率？這個問題促使研究者去檢視每個交叉事件除了基本比率之外，促成巧合的變數。舉例來說，演員邁爾斯（Mike Myers）曾造訪知名作家、醫師和替代醫學提倡者喬普拉（Deepak Chopra）。當邁爾斯走進喬普拉的辦公室，看見了牆上的一張牌卡。他取出自己的一副牌，第一張就是財富女神，和牆上的那張牌一模一樣。這個巧合讓邁爾斯感到驚訝。[7]

然而，這個巧合的發生率或許比邁爾斯以為的還要高。因為那副牌包含了許多印度諸神的圖像，而喬普拉的教學內容正高度倚賴印度的概念，邁爾斯知道此事。在為他們的會面做準備時，邁爾斯似乎想向喬普拉表明，他事先為了這個討論做了點功課。雖然這個巧合令邁爾斯感到驚訝，但兩人的關係背景增加了牌卡相配的可能性。然而，一幅牌裡有許多張牌，所以，邁爾斯將這張財富女神放在最上面，的確降低了巧合發生的機率。

總之，人們在評估巧合的發生率時所犯的認知錯誤包括：延伸相似性，硬是讓兩個要素相配；選擇性地記憶過去的事件，以便在目前事件中找到相配之處；以及忽視那些可能提升發生機率的背景影響。

基本的機率感

如同上述討論，儘管我們在覺察巧合的發生率時難免有些偏見，但新的研究發現，人們其實相當能夠判斷巧合發生的機率。也就是說，「一般人」可能並非那麼拙於判斷某個巧合是否為隨機發生。

倫敦瑪麗女王大學（Queen Mary University of London）實驗心理學系高級講師奧斯曼（Magda Osman）及同事卡迪夫大學（Cardiff University）的約翰森（Mark Johansen）和倫敦大學學院（University College London）的貝克利凡迪斯（Christos Bechlivandis）團隊，一直在從事著以經驗為依據的調查研究，檢視人們的巧合經驗。

他們的某個研究任務涉及了要求人們記錄為期五週之內的巧合。這個研究不對巧合下定義，而讓參與者自行決定他們自認為是巧合的事。這麼做是為了檢視自然的巧合，而非創造虛構的巧合以供研究，例如生日問題。

研究人員編纂了參與者在日記中所記錄下生活中的巧合。他們接著要求不同組的參與者按照這些巧合發生的機率，以及它們碰巧發生的可能性來進行評估。結果證明，參與者的評估非常具有一致性。關於每一種判斷，無論他們在年齡、性別或教育背景上的差異，他們都對不同巧合的碰巧程度給予了類似的判斷。對於這些巧合的發生機率和可能的因果關係的評估，他們也有類似的判斷。[8]

關於值得注意的可能性和因果關係的不同判斷，為何顯示出高度的趨同性？在未告知人們何謂巧合、或如何詮釋巧合，或提供任何罕見程度作為基準點的情況下，該研究顯示人們基本上能以類似的方式判斷出不同類型事件發生的可能性。這挑戰了傳統的學術觀點，認為人們缺乏推論機率的能力，以致誤判巧合的可能性的傳統學術觀點。人們所經歷的巧合種類及次數確實各有不同，然而，對於什麼因素使得巧合極可能或不可能發生，他們傾向一致的看法。這到底還是需要對某些基本機率感的掌握。

如果巧合是隨機發生的，「只不過是個巧合」，那麼我們大可不予理會。但如果巧合不是隨機的，我們便需要尋求解釋。當我們發覺巧合既不隨機也無法解釋，我們不免想知道原因。

「想知道原因」正是人類思維的本質。然而，有些統計學家意圖否定那些引發我們好奇心的巧合，於是宣稱「隨機性」是巧合的基本解釋。他們似乎在說：有巧合發生了，所以它必定得發生。因為巧合必定得發生，所以只要有足夠的時間和足夠的事件交會，它就會發生。

因為巧合必定會發生，所以它有發生的可能性。由於巧合有發生的可能性，因此可能性解釋了它的發生。但，這明顯是一種循環推理。

真正大數「法則」

統計學家認為，即便在某個特定時刻，某特定事件發生在某特定人身上的可能性非常低，但在我們的人生中總是有這麼多的時刻；況且，世界上有這麼多的人，因此，再不可能發生的巧合，最終一定會碰巧發生。

為了解釋巧合的發生，史丹佛大學統計學教授暨魔術師戴康尼斯（Persi Diaconis）提出「非常大數法則」（Law of Very Large Numbers），也稱作「真正大數法則」（Law of Truly Large Numbers）。根據這個法則，在一個極大的人口數中，可能性極低的事件必定會發生。

按照戴康尼斯和他同事莫斯特勒（Frederick Mosteller）的說法：「當樣本數足夠大，任何令人吃驚的事都可能發生。重點是，真正罕見的事件，比方說一百萬次中只會發生一次的事件，在為數二億五千萬的人口中必定非常多。如果每天有一個巧合發生在百萬數之中的某個人身上，那麼我們可以預期每天會發生二百五十個巧合，一年就會出現將近十萬個這類巧合。」[9]

來看看一個例子：你想起很久沒有想到的某個朋友，不久，那個朋友突然跟你連繫了！那麼，在世上七十億人口當中，不時會有數以百萬計的人相互在打電話、傳簡訊和寄電子郵件，以及想起了彼此，所以，必定有許多次當某個人想起了另一個人，對方緊接著就連繫了他。

戴康尼斯和統計學家利用這個例子，將這些可能性低的事件視為隨機罷了。對他們而言，**隨機**意味著沒有其他原因的「無意義」。有些統計學家則承認許多人會在巧合中發現「個人意義」，即便機率才是這些巧合的最佳解釋。此外，也有些統計學家認為，人們只是不瞭解隨機性如何運作，否則他們就會明白隨機性中原本就不存在著意義，除非你「選擇」讓意義存在。[10]

然而，這些統計學家能否證明隨機性中真的不存在任何意義？儘管這些統計學家聲稱真正大數法則最能夠解釋巧合，但倫敦帝國學院（Imperial College London）數學榮譽教授暨資深研究員漢德（David Hand）值得讚揚地表示，巧合至少偶爾能夠指明重要的新訊息。

「196,833」這個數字於一九七八年分別被不同的領域發現，這個數字在數學的兩個迥異分支群論和數論中極具重要性。這個意外的發現被約翰·麥凱（John McKay）稱作「怪獸月光」（"Monstrous Moonshine"），起初被認為只是巧合，後來透露出兩個不同數學分支之間的深刻關聯。

如同日常生活中的許多巧合，這個巧合需要一個解釋。有些數學家選擇深入探究，而非只將它當作隨機事件，從而發現了先前所不知道的關聯。如同這些數學家所示，如果你允許自己去尋找，那麼在看似隨機的情況中，有時也能發現意義。根據某位同事的說法，麥凱特有的天分在於，他能夠注意到其他人沒有看見的關聯。[11]

多大才是「真正大」？

並沒有統計學家定義過：多大才是「真正大」。大力提倡這個概念的漢德並不知道什麼是真正夠大的數目，他不確定七十億是否是個真正大的數目。當我這麼問他，他回答：「也許吧。」。無限大又如何？在終極大數無限大的情況下，如果我們蒐集到數量無限多的事件，那麼當然任何事都可能發生。但，這是無法辦到的，因為我們不知道多大才是真正的足夠大，所以這個概念不能成為一個法則。

順便一提，將這個概念稱作「法則」為機率這個名稱增添了更多混淆，因為統計學中已有一個名叫「大數法則」（不是**非常**或**真正**，只有大）的核心概念。大數法則是可以證明的：它說明當樣本的數量變多，其平均值會越來越接近整體的平均值。大數法則會在可實際數算的數字中起作用，瑞士數學家白努利（Jakob Bernoulli）於一七一三年證明了此事。

然而，真正大數「法則」是無法被證明的。這是否意味著，事實上機率是巧合的最佳解釋，即便是最不可能發生的巧合？不是的。哲學家羅利特（Sharon Hewitt Rawlette）在《巧合的源頭與意義》（*The Source and Significance of Coincidences*）一書表示：「我們星球上有七十億人存在，只有當我們知道在這七十億人之中有多少人經歷過或不曾經歷和我們所想的巧合那樣引人注意的巧合，才與我們的巧合經驗有關聯。換言之，大數只在我們擁有這些大數的資料時才有關聯……別誤會：非常大數法則雖然有真實性，但只在我們擁有這些大數資料時才能適當地應用——但我們並沒有。」[12]

真正大數的說法吸引了那些**願意**相信「有意義的巧合」是隨機事件的人。然而，比起巧合的本質，相信此事道出了更多關於相信者的偏見。說到底，真正大數法則並沒有滿足我們的需求，讓我們了解機率在巧合中所扮演的角色。

另外四個法則

如同前文所提，有些統計學的法則無法像科學法則那樣能夠被證明，它們更像是由統治集團所制定、由司法體系執行的法律。立法制定的法律反映出立法者的價值觀，而這些統計學法則反映出統計學家的價值觀，它們並非經過科學實驗證明，或以既有的數學證據所得到的結論。

除了真正大數法則，大衛．漢德還提出另外四個法則，讓我們檢視巧合時可以加以考慮，出自他的著作《不大可能原理》（*The Improbability Principle*）一書。[13]

漢德的**「必然性法則」**（*Law of Inevitability*）表示，一個隨機事件的所有可能結果之一，必定會發生。因此，想看見這項法則起作用，我們必須能夠列出所有可能的結果。例如一年之中所有可能的生日。我父親剛好在我生日那天去世，這事如何會發生？湯瑪斯・傑弗遜和約翰・亞當斯都在一八二六年七月四日去世，正好在兩人各自簽署了《美國獨立宣言》整整五十年後，這事怎麼會發生？某事必定會發生，但在所有可能性當中，為何是特定的這件事發生？同樣的，漢德認為機率是唯一的解釋。

接下來是**「選擇法則」**（*Law of Selection*）。由於巧合能夠被辨識出來，是發生在兩個或更多事件彼此交會之後，所以，觀察者能選擇去關注他們所偏好的事件。為了說明這個論點，漢德敘述了「德州神槍手」（Texas Sharp Shooter）的典故：一個人朝著穀倉側壁開槍，然後在每個彈孔周圍逐一畫上靶心，他驚呼「哇，瞧瞧我是多麼厲害的神槍手！」這個比喻暗示著：是經歷巧合者選擇了要描述哪一個巧合，當然，這是無法避免的事。經歷巧合者很可能選擇低機率的巧合，因為人們傾向於注意奇特的事件。這種選擇不代表除了機率外別無其他的解釋。

漢德在書中提出的第三項法則是「**可能性槓桿法則**」（Law of the Probability Lever）。分析巧合細節時的細微改變，可能會使得一個極不可能的事件變成幾乎確切無疑。這個論點是漢德所提出最可信的貢獻。他認為，經歷巧合的人，如果希望他們的巧合發生機率極低，那就可能會忽略掉那些會提升機率的因素。分析變數的過程或許煞費苦心、緩慢仔細，卻是評估巧合的發生機率所不可或缺的，例如前文提到美國護林員蘇利文多次巧遇雷擊，就是一個需要詳細分析的例子，如果沒有仔細檢驗，我們會忽略掉蘇利文許多時候都待在戶外的事實，根本上提高了被雷擊中的機率。[14]

漢德的第四項法則是「**近乎足夠法則**」（Law of Near Enough）。足夠相似的事件，往往會被視為「完全相同」！大多數的巧合都涉及兩件「非完全相同」的事件，如果你堅持只有具備「完全一模一樣要素」的事件才算是巧合，那勢必會排除掉大多數的例子。然而，這項法則不經意地將我們的注意力吸引到需要測量事件之間的相似性，以準確地評估機率。

想要解釋巧合，以及理解巧合如何形塑現實，我們必須跳脫這些「法則」和隨機性。機率是所有共時性的特性之一，但並非唯一的解釋。許多民眾相信他們受到上帝的安排，在統計學與天意之間存在著許多可能的解釋。

接下來，你將看見幾個有助於創造有意義的巧合的因素。如果你想接受多重解釋的概念，你需要調和「是」與「不是」這種只能二選一的思維，並取代以多重因素的可能性，你必須明白每個因素都促成了某種比例的結果。

第六章　上帝出手的跡象

許多共時性事件除了發生率，似乎還具備了神秘的起源。神秘的巧合最通俗的解釋是：它們是上帝（或宇宙）造成的。相信神靈介入的想法不僅見於古代文明，也見於原住民文化。事實上，我在二〇〇九年對密蘇里大學相關人員做的調查發現，「上帝和命運是最廣受贊同的巧合解釋。」[1]哲學家羅利特強調這個值得注意的觀察：「一說到不尋常事件，從現代科學出現之後的兩百多年來，在受過大學教育的人士當中，上帝和命運的排名仍高於自然發生的機會。」[2]

對於那些相信上帝能讓一切發生的人來說，巧合正是上帝計畫的一部分，作家魯斯內爾稱之為「上帝眨眼」。[3]對許多人而言，這種看法取決於個人經驗，因為巧合通常涉及深具意義的事件，實在不大可能只是隨機的，尤其當這些引人注意的巧合是緊隨著祈禱之後才發生。

舉例來說，作家吉兒伯特（Elizabeth Gilbert）在回憶錄《享受吧！一個人的旅行》*中講述她與友人一起寫請願書給上帝，請求她丈夫能簽下她盼望已久的離婚協議。幾個小時後，吉兒伯特接到律師打來的電話，告訴她事情辦成了。[4]

肯．戈迪維諾斯（Ken Godevenos）提出許多信仰者對於巧合的看法。他是《教會的人力資源：將公司實務應用於靈性背景》（*Human Resources for the Church: Applying Corporate Practices in a Spiritual Setting*）一書作者，積極從事傳教活動和禮拜。他堅信上帝指引著他的人生，有時就是透過巧合來達成。[5]

他指出「巧合」一詞在《聖經》中僅出現過一次，是耶穌本人在講授好撒馬利亞人寓言時提到的。在〈路加福音〉10:31，耶穌說：「碰巧有一個祭司從這條路走下來，看見他，就從那邊過去了。」由於是從希臘語翻譯，聖經中的巧合定義是「藉由上帝所安排的情況而一起發生的事。」

戈迪維諾斯相信《聖經》故事，從而找到了支持的力量。舉例來說，腓利與埃塞俄比亞的太監（〈使徒行傳〉8:26–40）的故事就是如此。這位閹人是衣索比亞女王甘大基宮廷裡的高官，曾前往耶路撒冷敬拜上帝。然而，他的身分和猶太教教規導致他無法進入神殿，但是他沒有放棄，他想知道更多有關上帝的事。所以他找到並買下一卷部分的《舊約聖經》，並在乘馬車回衣索比亞的途中仔細閱讀。這卷書碰巧是〈以賽亞書〉，書中指示說，閹人也能找到救贖。他碰巧買下了反映他需求的那部分經卷。接下來，正在附近傳福音的腓利（Philip）來到他的馬車前，詢問這位閹人知不知道他在讀些什麼。最終，腓利幫助他皈依了基督教並順利受洗。

「對這個人來說，真是莫大地堅定了他的信仰。」戈迪維諾斯寫道。「的確，互不相屬的情況有時會被完美地安排在一起，但對於任一個相信有某種至高存在、真摯地照料祂手下的創造物的人來說，這樣的事可不是巧合。在〈耶利米書〉29：11，上帝說，『我知道我向你們所懷的意念是賜與平安的意念，不是降災禍的意念，要叫你們末後有指望。』」

信徒們相信看似巧合的那些事物，確實是某位至高神靈的精心安排。「在我看來，」戈迪維諾斯說，「上帝不只負責我們人生中的大事，也照看日常的挑戰。」[6]戈迪維諾斯相信上帝在每個人的生活中起作用，而巧合是達成目的的一種方式。同樣的，一旦巧合出現了確切的解釋，那麼巧合就不存在了。

來自美國南達科他州的傳記作家暨《聖經》教師林恩（Sherrie Lynne）在著作《巧合：兩角五分的證言》（*Coincide: A Two Bits Testimony*）中寫到，《聖經》如何讓她理解了巧合的現象。林恩與「一一〇」這個數字牽連至深。她的興趣始於發現一枚一

---

* 譯注：*Eat Pray Love*，繁體中文版由馬可孛羅出版，二〇一三年。

分和一角硬幣，這兩枚硬幣都在一九五七年鑄造，擺在一起之後就變成1+10=110。她注意到在《聖經》中，法老的解夢者約瑟，以及繼摩西之後領導以色列人的約書亞，兩人都活到了一百一十歲。

後來，她想起了一個夢，夢中有人告訴她，她想買的襯衫要價一百一十美元。在世貿中心遭遇攻擊時，她注意到雙子大樓的每一棟都是一百一十層，她覺得上帝不斷為她強調這個數字，所以查閱了《聖經》中所有編號1:10的經句。她與〈耶利米書〉1:10[7]最有共鳴。

除了這上述基督教的例子，那些信奉其他宗教、同樣相信某原始推動者或第一起因的人，也抱持著相同的想法。此外，有些將巧合歸因於「宇宙」的人，也傾向這種看法，只是通常沒那麼強烈。我建議你盡量別跟抱持這種看法的人爭辯，因為有信仰的人總會聲稱是那個「唯一」才使得巧合發生，無論你提供多少解釋，這些解釋也會全被歸因於原始推動者的作為。

相信某些事，是我們建立世界觀的基礎。有些信念可以憑藉著經驗來驗證，不需要倚靠科學家，而是每個人都能辦到。舉例來說，我們可以藉由從手裡掉落一顆蘋果，測試重力的存在。但要證明上帝的存在，除了需要憑藉經驗，也需要信仰——憑感覺、憑直覺、憑某種「會意感」去相信。很多時候，面對圍繞著我們生命意義的模稜不明，我們能投射出堅定的信仰；同樣的，許多巧合的模稜不明，也促使我們投射信仰。

但是，我們不應太快就相信一切巧合都是神的安排。「向某個特定的超自然存在提出請求並得到回應，」羅利特說，「並不能證明該存在完全按照你所想像的方式存在。」[8]

如果我們絲毫無法證明某個超自然存在是巧合發生的原因，那麼，有沒有一種可能：我們自身才是我們所經歷巧合的起因？只不過我們將之歸因於上帝／宇宙或隨機性？

第七章　個人能動性

身為精神病學家和臨床醫師，根據我的觀察，「隨機性」和「上帝」的解釋往往只是在為許多巧合的源頭提供藉口，而這兩種解釋都使得發生巧合的責任脫離了那些經歷了巧合的人本身。因為這兩種解釋都在暗示：人在面對難以理解的力量時，是無能為力的。然而，現實不是這樣運作的，事實上，我們負有一定程度的責任。

隨機性指出：你與巧合的產生毫無關係——事情就是這麼發生了，因為我們活在一個隨機的宇宙。不過，如果你真以為你跟巧合沒有關係，那就大錯特錯了。同樣的情況，如果上帝被請來解釋作為巧合的原因，而你只是個領受神恩的人，與巧合的產生毫無關係，那也不盡然。

事實上，隨機性和上帝只處於巧合之舞的末端，而這場舞蹈在不同程度上牽涉到那些親身經歷巧合的人。我們在巧合的創造上扮演了多大的角色？一個人如果願意探索自身在創造巧合中所扮演的角色，便能找出巧合中的個人意涵，並揭開自身隱藏的潛力。

有時情況很清楚：巧合並不涉及上帝或隨機性。有大量的證據顯示，巧合是由個人潛意識所創造出來的東西。這些證據來自幾個源頭：潛意識流露的感官訊息、解決衝突的需求，或者來自經歷巧合者所屬群體未被認出的貢獻。

睡夢中，我們的眼睛會左右快速移動，而在清醒時，當我們探查周遭環境，也會發生快速動眼。雙眼在同一方向的兩個或更多固定點之間快速同步的移動，這種稱作「掃視」的動作可以隨著心意發動，但只要眼睛保持張開的狀態，也會反射性地發生。

掃視會蒐集到許多意識未曾覺察的訊息，有時這些訊息會以想法的形式進入意識，而非以視覺影像的形式。有些人可能經歷過一種情況：心裡突然冒出了某個念頭——例如在路上開車，突然想起有一種往返機場接送的車子，緊接著就看見一輛這種車子。更常見的情況是，這種巧合發生在情緒特別激動時注視數位時鐘，結果常常看見重複的數字，例如2:22、3:33、4:44、5:55或11:11。重複的數字似乎反映了某人的情緒狀態，有時暗示一切都會順利。眼睛的掃視動作可能潛意識地挑選出心裡想要的數字，以促發樂觀的感覺。[1]

有時，超級敏感的聽覺也會造成一些看似無法解釋的巧合。一名男子分享了以下的故事：某天他走在街上，突然感到一陣衝動，想要跑向前抓住在樹下玩耍的兩個小孩。正當他將兩個孩子一把推開，一根大樹枝猛地掉落在孩子們剛才玩耍的地方。最可能的解釋，是那個人早一步聽見了樹枝即將斷裂倒地的聲音。

「一致性」（concordance）是巧合的另一個因素，它牽涉到深知彼此的兩人之間的巧合。舉例來說，雙胞胎往往比他人擁有更相似的想法，因此在遇見相同事件時更可能做出類似的選擇。另外，關係親密的人往往會同時哼著一樣的曲調，或說起同一件事，或接著說完對方沒說完的話。這雖然有點像心靈感應，其實是他們共有的經驗提升了對相同情況產生相似反應的可能性。[2]

此外，人們能在沒有意識到的情況下創造出巧合，以解決內在的衝突。這種巧合通常被歸因於某種外部作用，實則可以透過經歷巧合者的行為來加以解釋。藉由將原因歸諸外部作用，個人的責任得以解除，從而產生一種獲得指引和關照的感覺。

以下是個人主動創造巧合來解決心理衝突的實例。一名女子的案例是這樣的：「成為寡婦之後，我又開始約會了。不過我很在意我那已故的丈夫會怎麼想。某天去掃墓時，我意外地被割草刀割傷了無名指，必須去急診室接受治療。在那裡，醫護人員為了包紮傷口，除下了我的婚戒。我男友和我將此事視為一種徵兆，代表我們的關係可以繼續發展下去。」

她割傷了無名指，卻歸因於那個已故的丈夫，從而感覺到她丈夫或許贊成她繼續約會。她陷入一個讓她心態脆弱的內在衝突，為了尋找擺脫焦慮的出口，她求助於環境中的潛在象徵來指引她。儘管是她自己做出了最終的選擇，但這個指引似乎來自於外部。她以引發巧合的方式做出行動，解決了衝突。

另一個例子是這樣的：一名男子答應出席晚上的聚會。回到家時，他覺得累得要命，他並不想去聚會，只想好好吃頓飯放鬆一下。儘管如此，他還是認命地坐進車裡打算赴約。此時他望向油錶，發現油箱空了！最後他順理成章地將之視為無法出席的理由。在這個案例中，這個男子藉由忘記給車子加油來解決他的猶豫不決。

精神分析學家威廉斯（Gibbs Williams）是《揭開有意義的巧合（共時性）的神秘面紗》（*Demystifying Meaningful Coincidences* (Synchronicities)）[3]一書的作者，他大力提倡一個觀念：在那些設計用來解決心理衝突的巧合中，你必須認清自身所負的責任。

他在書中描述了這個主題的第三個變奏：一名剛上大一的年輕人正苦惱著何謂美好的人生？他才剛上大學，已經碰上了情感和心理危機。他希望出現一個跡象，告訴他人生會有轉機。他畫了一顆塗滿了鮮艷色彩的太陽，被漆黑的夜色給團團包圍。就在他將這幅畫命名為「午夜太陽」之後，他瞥見了時鐘，當時正好是半夜十二點，這個跡象令他重拾信心。顯然，這個巧合可能是透過眼角餘光注意到時間而創造出來的，然而直到好幾年後，他才認清他自己參與了這個巧合。[4]

最能解釋「意外之幸」的原因，常常是經歷巧合者自身的主動性。密蘇里大學資訊科學家厄爾德雷（Sanda Erdelez）[5]研究了約百來個案例，想知道他們如何成功或失敗地創造出自己的「意外之幸」。她的調查資料顯示，這些研究對象有三種不同的類型：一種是**「非偶遇者」**（*non-encounterers*），他們透過狹窄的濾鏡看待生活，他們在搜尋資訊時傾向於固守著待辦事項清單，而非朝著不同的方向漫遊。另一種是**「偶爾的偶遇者」**（*occasional encounterers*），他們在生活中偶然會碰見「意外之幸」的時刻。至於**「超級偶遇者」**（*super-encounterers*）則聲稱他們所見之處無論哪裡都會不斷地冒出驚喜！「超級偶遇者」喜歡花一整個下午的時間遍尋古怪的資料，因為他們指望從中找到寶藏。

根據厄爾德雷的說法，你之所以變成一名「超級偶遇者」，有部分是因為你相信你**就是**超級偶過者——這有助於假定你擁有特殊的感知力，就像一組引導你找到線索的隱形天線。

神經科學家詹姆士．奧斯汀（James Austin）則描述了導致「意外之幸」的四種個人主動性。

第一種是純屬偶然的運氣，不涉及特定的人格特質。

第二種關係到廣泛且堅持不懈的活動。這類活動能促成新事物的發現，因為在不同組合中，事件和想法會產生碰撞。好奇心、堅持力、探索的意願和進行實驗，會產生讓幾乎所有好奇者都會發現的驚奇，例如，在實驗室裡意外研究出新配方。

第三種涉及特殊的接納能力，霍勒斯・沃波爾稱之為「睿智」，或路易・巴斯德＊所稱「有準備的心」。這種主動性需要奠基於過往累積的知識和經驗，才能注意到某個新東西可能管用，例如魔鬼氈的製造。一九四一年，瑞士工程師邁斯楚（George de Mestral）在狩獵途中發現，他的褲子和他的愛爾蘭獵犬的毛上都覆滿了一種牛蒡植物的芒刺！他決定在顯微鏡下研究這些芒刺，然後他發現了數以千計的小鉤竟然有效地沾附在路邊幾乎任何纖維（或狗毛）上。所謂幸運，就是當某個機會碰上了堅持不懈的準備。

第四種主動性仰賴特殊的探索行動，加上一些帶有個人風格的睿智：特殊嗜好、特有的生活方式和活動，往往能導致新發現。舉例來說，某位富有的西班牙學者一向著迷於探索史前人類的活動，某天他帶著女兒和狗在山裡挖掘考古。突然間，他們的

＊ 譯注：路易・巴斯德（Louis Pasteur，1822-1895）為法國微生物學家、化學家，倡導疾病細菌學，以發明預防接種法和巴氏殺菌法而聞名。

狗消失在一個小洞口，他的女兒跟了上去。不久，她回頭呼喚道：「爸爸！爸爸！你看！這裡有一隻畫上去的牛！」他們就這樣發現了後來被稱作「史前時代西斯汀禮拜堂」的史前洞穴壁畫。[6]

＊＊＊

巧合有時涉及沒有被識別的集體貢獻。科學中的意外發現，常常很難準確地被描述成某單一個人在特定時間或地點的所為，一個新發現的產生及促成因素，牽涉到許多背景和文化的相關事件。如果仔細調查，你會發現許多沒有受到肯定的個人，才是讓無數新發明開花結果的關鍵。例如，科學界發現並製造了青黴素的這個成就，共有三個人獲頒一九四五年的諾貝爾獎，因為大量培植的青黴素迅速治療了二戰期間的許多傷兵。然而，如果不是瑪麗・杭特（Mary Hunt）意外發現了產量最高的黴菌，那麼青黴素最終不可能被大量的生產。

瑪麗在伊利諾州的美國地區實驗室（U.S. Regional Laboratory）任職，那裡有不同的青黴菌菌株正接受產量測試，當時美國軍方派代表到世界各地找尋產量最高的黴菌到實驗室裡培養。一九四三年的某天，瑪麗在市場購物，意外發現了一顆長滿金色黴菌的羅馬甜瓜，後來證明這種黴菌最適合大量生產青黴素汁。[7]

這個發現讓這種抗生素得以充分的量產，有效率地治療了受感染的士兵，並加速了戰爭的結束。所以，如果沒有瑪麗的貢獻，青黴素的貢獻恐怕無法產生頒給那三個男人的諾貝爾獎。[8]也就是說，沒有瑪麗，就沒有諾貝爾獎，因此她也應該得到正式的肯定，不料她反倒以「發霉的瑪麗」（Moldy Mary）名留青史。

個人的能動性在創造「有意義巧合」中扮演著關鍵角色，除了好奇心，只要加上在心的前景或背景活動的一些想法，就能產生許多巧合。此外，潛伏的人類超覺能力通常未能得到傳統科學的肯定，但如同榮格的觀察，它們也產生了一些巧合。如第一章所述，榮格將超感視覺和預知包含在「有意義巧合」的實例中。[9]

第八章　人體GPS

有時巧合的源頭不光出自潛意識，也無法以傳統的方式來解釋。想想兩度出任英國首相的邱吉爾。邱吉爾念高中時，在班上是個平庸的學生。某天他參加了一場預試，想爭取一個極受青睞的位置。他知道這場考試需要他特別的努力，因為許多準備充分的人都失敗了。這場考試中，除了一般試題，還會要求考生畫出某個特定國家的地圖。當然，考生們不知道會是哪個國家。

考試前一晚，邱吉爾將世界上所有國家的名字做成紙條，放進一頂帽子裡，從中抽出了紐西蘭的紙條。結果，隔天試卷上的第一題：「請畫出紐西蘭的地圖。」邱吉爾因此得到極高的分數。這場考試將邱吉爾送進了軍隊，為他日後成為英國首相踏出第一步。[1]

那只是個巧合嗎？運氣？或者是預知，事先知道他的未來會發生某件事？這幾十年來，學界對心靈感應、超感視覺和預知（統稱「超覺」）的研究已經產生無數的案例，近來，該主題在著名的美國心理學期刊《美國心理學家》（*The American*

Psychologist）中再度引發對超心理學研究的熱烈評論。[2]一直以來，世界各地的宗教都記載著超覺能力，每個文化傳統都有關於具備凡非能力者的故事，但無人知曉「超覺」是如何運作的。

然而，多數人似乎都有能力在最需要的時候，獲得他們所需的訊息。我在這裡舉出兩個例子。第一個是露絲的故事，作家費瑟（Sally Rhine Feather）在她的著作《禮物》（*The Gift*）中有相關描述。

某天，六歲女孩露絲的媽媽進城去購物，突然間，她覺得必須馬上趕回家。「我女兒露絲在哪裡？」她問保母。「她去了安妮家裡。」安妮是露絲的六歲玩伴。露絲的媽媽連忙趕到安妮家，結果，安妮的媽媽還以為安妮去了露絲家！露絲的媽媽慌張地跑出門，憑著某種自動導航在街上開車找人。穿越一段鐵軌後，她下車跑過一扇大門，又爬上一座小山丘，往下來到一個看似積滿了水的舊採石場，然後，她赫然發現兩個小女孩就坐在採石場的邊緣，脫了鞋子正準備玩水。倘若她們一腳踩進水裡，很可能會溺斃，因為採石場的岸邊非常危險。就這樣，露絲的媽媽按照她無法解釋的本能行事，並且接受了導引，最後成功找回了女兒。[3]

第二個故事是我的親身體驗。在我八、九歲時，我父親辭掉在廉價商店擔任經理的工作，到俄亥俄州克里夫蘭附近的農場社區買賣家畜。他知道我很想要一隻狗。某天，他帶回一隻六週大的小狗，這隻黑底加上褐白斑點的可愛小狗喜歡啃樹皮，我叫牠史奈普，我們成為最好的伙伴。

某天史奈普失蹤了！我驚慌失措地問我母親牠在哪？我母親毫無頭緒，她建議我去小學附近的警察局找找。我騎著單車走平時上學的路，抄近路穿過操場，橫越大街，將單車推上階梯，走了一大段路之後來到警察局前。門口的櫃檯後方坐著一位穿制服的男人：「抱歉，孩子，我們沒看見你的狗。」

離開警局時我淚眼朦朧，完全沒注意自己到底要往哪走。我下了階梯，卻未再度橫越大街，而選擇騎上街道右側的人行道。

我傷心極了，只能低著頭不停地啜泣，然後抬頭一看，竟然發現一隻黑狗踩著史奈普式的側步迎向我。這怎麼可能？真的！那就是史奈普！牠若無其事地撲到我腿上，讓我撫摸牠的頭。牠似乎在問我，為何這麼久才找到牠。

許多年過去了，我常納悶這個巧合是怎麼發生的。後來我發現了「超覺介入有益反應」（Psi Mediated Instrumental Responses, PMIR），這是由超心理學家史丹佛（Rex Stanford）所發展的概念。他提出了一個模型來說明，在某些自發的超自然事件中，個人可能無意識地獲得與個人需求有關的超感知識，以滿足自身的需求，並藉此改變行為，使需求獲得滿足。

在不可思議巧合調查的十二個項目中，以下這一項名列第四：「我在對的時間待在一個對的位置，因而在工作／事業／學業上得到了晉升。」人們以某種方式在對的時間抵達了他們需要在的地方。史丹佛的大量實驗室研究證實了這個概念。

史丹佛假定「超覺反應」如同感覺反應，作用是支持個人的需求或欲望。在有益於這些傾向的情況下，個人不需要意識到那些由超覺所驅使的行為，但藉由潛意識的運作，可以安排出合適或令人滿意的結果，這可能是使個人遠離威脅或朝向令人滿意的情況最有效的方式。[4,5]

史丹佛以四十名男性大學生志願者為實驗對象，測試這個反應模式。他利用電子式隨機事件產生器，分別測試每位學生有意識的心靈致動（psychokinesis）能力，看看他們能否降低一系列隨機事件的隨機性。

電子式擲幣機是一種隨機事件產生器，能產生一連串「正面和反面」的輸出。在挑選出那些能夠有意識地讓隨機事件產生器變得比較不隨機的學生之後，每個學生被交付一項可能持續四十分鐘、無聊且煩人的任務。這些學生們不知道的是，隨機事件產生器在另一間實驗室也被啟動了。

當有學生將隨機事件產生器輸出的隨機性降低至一定門檻，實驗人員會將這位學生從不愉快的任務中解放出來，並交付給他一項愉快的任務。學生們對於降低隨機性就會獲得解放的情況一無所知。這種對於隨機事件產生器的潛意識影響，構成了他們無意識的超覺任務。

其中的一些學生（其比例遠低於偶然），能在潛意識下創造他們所需要、從無聊中解脫出來的結果。這個結果證實了實驗室裡的人們能找到方法幫助自己，卻不知道自己是如何辦到的。[6]

史丹佛推測：在實驗室外，人們也能潛意識地獲得讓他們得以減少痛苦或增加快樂的資訊。

「超覺介入有益反應」是一種靠本能知曉事情的形式。我給予這個概念的首字母縮略語PMIR一個比較和藹可親的面貌，我稱之為「人體ＧＰＳ」——這是一種讓你到達需要到達的地方，但不知如何到達那裡的能力。

在一個對的時間待在一個對的地方，這種事時常發生，只不過往往是在潛意識下進行。在電影院裡隨機挑選座位、約會遲到、遵循直覺的指引或開車迷路——這一切都可能產生驚人的結果：從不確定的迷霧中出現一個被需要的工作、人、事物或想法。

長久以來，科技發明反映了人類的能力，它是我們由外看見自己的方式。水中的倒影為鏡子的發明鋪路。鏡子是大腦鏡像神經元的早期指示物，反映一個人在別人身上所看見的行為，鏡像神經元會對我們從別人那裡觀察到的動作起反應，就像我們自己做出了這個動作一樣。

如今，電腦已經成為反映人腦計算能力的模型，其他的科技進展也反映了超覺能力。電話和文字通訊暗示了心靈感應；網路攝影機和FaceTime視訊則暗示了超感視覺；利用大腦脈衝驅動義肢手臂的新興能力，暗示了心靈致動，[7]這些發明可以稱作techno-mimcry——「科技模擬超覺能力」。而「人體ＧＰＳ」則模擬了智慧型手機，以及新型汽車上的全球定位系統的科技能力。

有一個研究個案提起一則關於自殺的親身體驗：「我在青少年時期度過了一段非常黑暗的時光，那段人生我覺得又混亂又困惑。我無法解釋，或者應該說，根本找不到原因，我似乎再也受不了這個世界上的一切苦難！某天下午，我帶著父親的槍，開車到湖畔的一個偏僻之處，我非常想結束我的人生。我坐在車裡，手裡舉著槍，心裡一片茫然，彷彿完全不知道自己為什麼會來到這裡。然而，當眼淚慢慢從臉頰滑落，我聽見另一輛車突然停在我的身旁……我看見我哥從車上衝了下來，大吼著要我把槍交給他。

「我喘不過氣，我簡直嚇壞了！我問他是怎麼知道我很痛苦？怎麼知道我帶了把槍？最重要的是，他是怎麼找到我的？他沒辦法回答。他說，他也不知怎的就坐進了車裡，一路急馳，完全不知道目的地，以及要去幹點什麼。」這個案例中，一顆心感受到另一顆心的悲痛，並且本能地知道悲劇的發生地點，以及如何到達。

個案的哥哥為何知道弟弟有需要？是什麼讓他在不自覺的情況下做出這些複雜的決定？他似乎被弟弟的悲痛給吸引，而不自覺地知道他即將自殺。

此後，我開始將這類事件視為一種同時感應，它顯現出所愛之人的悲痛，加上人體GPS的尋路能力，讓我們不可思議地獲知某人的所在，以及順利到達那裡。許多類似的故事讓我假定了有這麼一個概念存在：「人體GPS」，表示我們有能力去找到我們所需要的人、想法和事物，卻不知道我們是如何到達那裡的。

我相信，我們的心靈能力可能是許多巧合未經確認的源頭，而一旦科學證實了這些能力，大量的巧合終將獲得解釋。

第九章　造成問題的巧合

同時發生的事件，時常以非常負面的方式呈現。然而，我有些不情願地，必須將造成問題的「共時性」和「意外之幸」的例子也包括進來。這表示，有意義的巧合也有它的黑暗面。我的某些同事對此抱持強烈的反對意見，然而如同科技的發明，科技也可能造成問題，不是嗎？就像靈修的過程也可能被扭曲。[1]

受到巧合影響的選擇，並不保證能產生預期的結果。當我們必須在巧合的模稜兩可中做決定，正面或負面結果都可能產生。好比說，涉及某些巧合的選擇可能對某人有利，而對另一個人不利。另外，在時間的變數下，受到巧合影響的選擇，可能起初是正面的，後來卻變成負面的，或者相反——起初是負面的，後來變成正面的。**這大半取決於牽涉其中的人如何看待被巧合所塑造的情勢**。

巧合是個路標，而不是命令，它們的模稜兩可使之變成一種可供投射解釋的屏幕。我的一位病患告訴我以下這個故事：身為一名投資者，正當他考慮離開正在任職的金融顧問公司時，他接到了來自自家公司的調查電話。他以為公司設法哄騙他留下，但其實公司只是碰巧在這個節骨眼進行員工調查。結果，他因為這個隨機產生的巧合，讓自己陷入不必要的焦慮之中。

另一個例子是這樣的：我身邊的一位女性友人，在一連串的巧合下，她談起了戀愛，最終步入了婚姻。時間過去，結婚九年並生下了兩個孩子後，她離婚了。然而，她對這段婚姻和擁有了孩子心懷感激，欣然地接受了關係的結束。她本可怪罪那些導致兩人結婚的各種巧合，但她卻感激這場婚姻帶來的正面結果，無悔地繼續向前走。

我們沒有規則可用以判斷是否該接受某個巧合的明顯含義，也不可能有進一步的指引，告訴我們面對巧合該做出什麼反應。同樣的，我們也無法知道要怎麼「**正確的**」回應某個巧合，因為倫理、道德、事情的來龍去脈、想像中的正負面結果，以及憑直覺來判斷一切，這些因素都在做決定的過程中發揮了作用。

某次會議期間，我的一位同事向我透露，他和另一位與會者在會議第一天就開始了浪漫的約會。隨著夜色降臨，兩人發生了爭吵。隔天，兩人都穿著帶有白色紋飾的黑色服裝出席會議。對我同事來說，這種服裝上的巧合暗示著兩人的關係應該會繼續下去，但對女方來說，這代表關係結束了，因為黑色服裝通常是哀悼的象徵。所以，某人樂見的驚喜，可能成為另一個人的負擔。最後，這段關係沒有持續的發展下去。

由好轉壞和由壞轉好

有時，一個不那麼重要的巧合，最後卻演變為全球問題。以棕櫚油的故事為例：棕櫚油是世界上最受歡迎的植物油，使用於半數的消費性產品中，也在許多工業應用中扮演了重要角色。油棕樹的每英畝產油量超過其他的產油作物，例如大豆、油菜籽和向日葵。油棕樹的生長一度需要人工授粉，而它的種植和產油量如今已經降低了馬來西亞和印度的貧窮程度。

一九五〇年代，一位在馬來西亞從事棕櫚油製造的員工被調職到西非工作，在新的地點任職時，他注意到某些昆蟲盤旋在當地的油棕果實附近，他猜想，這些昆蟲應該就是授粉者。最終，這些昆蟲被進口到馬來西亞，完全取代了人工授粉，因而降低了生產成本。

然而，隨著油棕樹數量和棕櫚油產量的增加，導致了大片森林被砍伐，成為全球暖化問題的主要幫凶。[2] 上述敏銳的觀察導致翻轉局面的意外之幸，不過，雖然此舉使得棕櫚油的生產者受益，同時卻對地球生態造成了負面影響。可以說，這個受到巧合影響所做出的選擇，起初是正面的，後來卻變成負面的。

有些巧合所提供的選擇先是通往負面的路徑，後來又出現正面的結果。某知名大學心理學系系主任因為與職員相戀的倫理問題被迫離職，這段辦公室戀情是由巧合所引發。他被迫離開該城市並展開了新生活，結果發揮了在原來城市不曾有過的豐沛創造力。十年後，他在新城市重新站上了事業顛峰，而之前與他相戀的女子也在他提供的協助下，讓事業變得更成功。

另一種情況是，巧合可能會騙人，或被策劃用來佔人便宜。有個故事令我印象深刻，因為它安排得如此周密。

某個男子為了錢而追求一位富婆。富婆懷疑這男子是看上了她的財產，但男子聲稱他自己擁有房子，可以靠收租金維生，這個房子就在她家附近。某天，富婆路過這棟出租屋，看見這名男子在門口和另一名女子交談，女子請求男子寬限拖欠已久的租金。富婆聽見男子當場仁慈地應允。因此，她更加確信男子並不缺錢，也並非為了錢而追求她。然而，實際上，這整件事是那名男子和門口的女子共同策劃的表演，就為了讓富婆相信男子為人慷慨大量，並不在乎錢財。

假巧合

巧合有時會創造出深刻動人的故事。事實上，它們如此動人，以致於有人刻意捏造巧合來成為注意力的焦點。

二〇一五年，《紐約時報》報導了一個巧妙的騙局：納粹大屠殺的倖存者羅森布拉特（Herman Rosenblatt）在回憶錄中描述，少年的他在納粹集中營挨餓時，有一個女孩扔給他一顆蘋果，正好落在刺鐵絲網前他手搆得著的地方，而這個好心的女孩日後多次給他投餵食物。若干年後，他在紐約參加相親，竟然非常巧地遇見了這個女孩，後來兩人結了婚。這個故事差點變成一部電影，直到在知情人士的探究下，這名男子承認他只是想讓這個故事成真，而他妻子則從未朝任何人扔過蘋果。[3]

無論意外或刻意為之，巧合也可能涉及邪惡的結果。約翰・藍儂（John Lennon）被暗殺就是由一連串的巧合所引發。

一九八〇年十二月八日，殺死藍儂的兇手查普曼（Mark David Chapman）正站在藍儂居住的紐約市公寓大樓外。這棟樓也是法羅（Mia Farrow）主演的電影《失嬰記》（*Rosemary's Baby*）取景的大樓。《失嬰記》這部電影由女演員莎朗・蒂（Sharon Tate）的丈夫波蘭斯基（Roman Polanski）執導，當她被查爾斯・曼森（Charles Manson）幫殺害時，已經懷孕了八個半月。殺害莎朗・蒂這個幫派最喜歡的歌曲，正是藍儂和保羅・麥卡尼（Paul McCartney）合寫的〈手忙腳亂〉（"Helter Skelter"）。當查普曼想到這些事時，法羅正好路過。查普曼將這個巧合解讀成此時是殺死約翰・藍儂的時機。

所以，在這個案例中，是查普曼自己的決定（而非巧合），使得這場謀殺案發生，他提供了他自己想要找尋的意義。[4]

此外，有些巧合可能帶來虛假的希望。某人想像他所渴望的未來，接著就發生了一連串的巧合，暗示他所追求的結果即將發生，然而，後來這個結果並未發生。例如，一位不願透露姓名的脫口秀主持人告訴我一個關於工作面試的故事：「我在參加完一場大型會議後搭飛機回家，發現隔壁座位赫然是我面試官的老闆！飛機上我們聊了兩個小時，相談甚歡，我心想這份工作肯定十拿九穩了。最後，我發現他們錄用了別人。」

加工的巧合

巧合也可以被加工用來支持某些人的信仰，例如，世界各大宗教的基本教義派領導者時常利用天然災害，將責任歸咎於他們視為罪人的群體。牧師法威爾（Jerry Falwell）和羅伯遜（Pat Robertson）曾在美國電視節目上聲稱，是憤怒的上帝讓恐怖份子成功發動了致命的九一一攻擊任務，因為美國早已變成一個充滿墮胎、同性戀、世俗學校和法院及公民自由的國度。[5]

二〇二一年，珊迪颶風侵襲紐約，洪水持續上漲，有些牧師宣稱上帝因為「同性戀議程」而生氣。[6]而同一時間，一位猶太拉比也將這場洪水歸咎於同性戀者。為了提供證據，他聲稱看見了一個巧合：風災過後，城市上空出現了兩道彩虹，加上滿月期間的潮水高漲。[7]

在這些例子中，宗教領袖將天然災害造成的破壞與他們自己的毀滅衝動相結合，投射於上帝形象，如此一來，悲劇便成為他們表達信仰的媒介，證實信仰也變成建構巧合的主要動因。對那位拉比而言，伴隨著滿月的雙道彩虹證明了他的上帝贊同他的言論。

因此，我們也不應一味認定，發生在我們身上的每個巧合，都在透露一個更大的消息。

陰謀

陰謀論者認為不存在著「巧合」這回事，因為一切事情發生必有因，每件邪惡的行動都可解釋成邪惡的政府、宗教團體、政治團體或大企業所為，他們將自身最熱烈的信念投射到巧合的模稜兩可。這樣的操作陰鬱地反映出那些確信統計學、上帝或宇宙能解釋大多數巧合的人的思維形態。他們都相信沒有所謂的巧合，因為同時發生的事情可以被解釋，而一旦被解釋，當然就不再是巧合。

一九六〇年代發生了幾起暗殺高層人物的事件：約翰・甘迺迪（John F.

Kennedy）、馬丁・路德・金恩（Martin Luther King）、羅伯特・甘迺迪（Robert Kennedy，美國總統約翰・甘迺迪的胞弟）和麥爾坎・X（Malcolm X）等，這只是巧合嗎？這些人都曾領導大型活動，目的是改變政府或宗教的運作。誰是這些謀殺案的幕後推手？在民權運動、越戰和冷戰等充滿衝突的背景下，滋生著關於政府陰謀的偏執妄想，而且隨著一九七五年「美國參議院特別委員會」揭發中情局涉入由政府資助、在外國從事暗殺計畫的證據而達到巔峰。有沒有可能，由其他某個單一民族國家主導，在美國做著類似的事？或者，美國政府正是所有這四起謀殺案的幕後黑手？

想找出隱藏的真相，是陰謀論者和科學家共通的特點，不同處在於他們認定證據的方式。例如，相信重力不存在的陰謀論者，不會嘗試解釋湯匙掉落時所發生的事，他們只會找尋能支持他們少數人想法的證據，而不顧其他。同樣的，我們也常面臨著許多常見的傾向，儘管證據正好相反，卻仍堅信著某件事。任何陰謀論的合理與否都取決於證據：陰謀論所表明的形態是否真的太不可能發生，因此無法合理地歸因於運氣？

好比說，同個時間發生的一連串輸電失效，可能是運氣所導致？二〇一七年四月二十一日，全美各地同時發生大規模的斷電事故，以舊金山、紐約和洛杉磯受損最嚴重，這幾個地區都經歷了商貿問題或工廠停業。此外，基礎設施例如通信網絡、大眾運輸和供應鏈也接連出錯。[8]是否在某個時刻，整個輸電網是脆弱的？這是否為隨機事件？或者是因為電磁風暴、人為破壞，或輸電網的某個缺陷機制被誘發了？由於無法達成明確的結論，在模稜兩可之下，人們得以選擇他們最喜愛的解釋。

有些陰謀論底下隱藏著貌似有道理的解釋，然而，它們只不過是等待找到解釋的理論。遺憾的是，某些理論卻變成了一種固定的看法，往後即便出現明確的證據、資料和理性推論，都無法加以撼動。人們渴望相信的欲望最終摧毀了真實的思考，這實在令人遺憾。

我認為上述看法可以歸類為妄想。在精神病學的研究中，推理能力受損和強烈的情緒，都有助於強力的鞏固這些妄想。[9]

擾人的巧合

在現實生活中，壞事是會發生的，因此也有些巧合會造成傷害、令人痛苦、困惑且不可思議的。怎麼會這樣？答案可能很難仔細分析。

我的某個同事告訴我這個故事：二〇二一年十二月，一週內，她的三個朋友相繼去世、彼此相隔兩千英里的兩個兒子都罹患上新冠肺炎，還有，她父親需要接受緊急的心臟手術。她納悶這是否只存在著占星學上的解釋？或許，這一連串巧合的災厄，以我們人類有限的智能，尚無法去理解。

如同第三章「物—物巧合」的描述，伊莉莎白・塔格在研究膠質母細胞瘤的遠距治療的同時，被診斷出自己也罹患了膠質母細胞瘤。她也許潛意識地知道自己已經開始發病。

令人吃不消的巧合

蜂擁而至的巧合可能令人難以招架。單單一個扣人心弦的巧合，就可能讓人很想從中找尋個人意義和某種解釋，而當巧合接二連三的發生，而且都顯得有意義時，大腦會為了想找出全部的意義而絞盡腦汁。這種專注的心理能量會迫使「吃不消的個人」從現實中退縮，變得無法正常運作。

以下是讓人感到困惑的大量巧合。一位研究參與者報告了這個經驗：「我在工作場合認識了一位女孩，打從我和她說話的第一天起，我就一直經歷著許多巧合。當我想到她，電話會正好響起，是她打來的。當我正要說些什麼，她會在我開口之前說出來。或者，當她想說些什麼，我也能在她開口前把話說出來。這種事經常發生！她和我上同一所小學、中學、選修同一門管弦課，最終又在相同的地方工作。但我在四年前才認識她。我不認為我們的相遇有那麼重要，直到她告訴我，她相信輪迴轉世，還有，我們在上一世彼此相愛。

她認為這說明了為什麼我們總是心意互通。不過，我們的關係是沒有指望的，因為她已經訂婚了，並且打算六個月後結婚。這段關係變得越來越不可思議。最後一個巧合是，她男友的姊妹是我至友哥哥的好友。我覺得興奮不已，但不知道為什麼會這樣。」

有人列出大量的巧合清單，裡面充滿了細節和關聯。他們知道自己握有某個重大秘密的線索，這是他們想瞭解自己或現實本質所需要知道的事——他們很可能是對的。有人相信他們的故事應該讓別人很著迷，也有人相信他們的故事對人類極為重要。

我收到一堆滿是這類故事的郵件。不過，這些故事往往難以閱讀，因為它們的意義和關聯非常奇特，這些故事的作者對於讀者可能會如何反應毫無概念，因為他們沉迷於自己心中所感受到的驚奇。他們無法接受一個基本事實，那就是：他們的巧合在他們自己眼中看來，遠比其他人看來有趣。而且，他們似乎無法以容易理解的方式向別人講述這些巧合經驗。

順帶一提，我很高興收到了難得認同我想法的人來信，例如以下這封電子郵件：

「我明白每個經歷過巧合或共時性的人，很可能認為他們的故事十分獨特或值得大書特書，所以我不會用細節來煩你，因為我確信你的信箱隨時塞滿了這類故事。」後來，我經常要求參與者在撰寫或講述巧合故事時，要遵循本書「附錄二」的建議。

有時，密集發生的巧合會成為精神病發作的一部分。我曾訪談過幾個人，他們在躁狂症發作期間擁有了超自然和神秘體驗，同時也無法過上正常生活。以精神病學家威利福德（James Willford）為例，他有過幾次躁狂發作的經驗。二〇一九年，我在我的廣播節目中訪談他，他告訴我進入他意識中的形態數量，以及這些形態和他週遭環境之間的巧合發生頻率，與他的躁狂強度成正比。以他的例子來說，躁狂程度越強烈，共時性就越頻繁的發生。而在抑鬱狀態下，他的心裡則缺乏形態。

躁狂發作期間，他運用他的「心眼」（靈視能力）注視過去、現在和未來，如同看一段偶爾會發出聲音的影片，他可以透過心靈感應、超感視覺去預見未來。某天，他需要梳子和鋸子，並在他的心眼中看見了一間他不曾去過的辦公室，書桌抽屜裡就有一把黃色梳子。接著他走進大廳，拉開抽屜，馬上看見他在心眼裡見過的那把梳子。[10]

有些人需要專業的心理治療協助，來理解他們的巧合。我要分享最後一個例子：某位教師來找我幫忙，因為她經歷了一連串讓她吃不消的巧合。這些巧合每週發生多達五次，有些巧合令她發笑，有些則是那種發生在對的時機和對的地點的巧合。另外許多是讓人起雞皮疙瘩的巧合。

她經歷的諸多巧合促使她想去理解榮格和共時性，並且引領她來到我的網站。她在看足球賽的人群中意外認識了一位曾聽過我節目的陌生人，然後決定來找我諮商。我們接連三天，每天碰面九十分鐘，鉅細靡遺地討論她的許多巧合。回家後她對自己的直覺充滿了自信，更願意與別人交流，也更願意遵循巧合所暗示的「不得不如此」，繼而調整心態。她經歷的許多巧合變成了她的老師，敦促她勇敢做自己。[11]

當你身陷一個由無數巧合所構成的羅網，去諮詢一位熟悉「共時性」的專業人士可能會對你有幫助。這類臨床醫師的名單和連絡方式仍有待建立，因為至今心理健康專業人士依舊吝於承認臨床上的共時性現象。

我從那些被巧合弄得不知所措而求助於精神病學解方的人們身上，聽過許多的故事。我的同業往往稱這些經驗為精神病症狀，很快地開出處方箋，然而，情況並非如此黑白分明。的確，有些因巧合而吃不消的人正在經歷精神病的發作，但許多人不是。這些人心智正常，只因他們不明白的原因而被巧合弄得不知所措。這些經歷巧合者必須謹慎選擇可以求助的人，他們需要的是那些相信巧合不必然是精神病標誌的臨床醫師。

一旦找到這樣的臨床醫師，就可開始解釋這些巧合。在這些巧合中，似乎有什麼議題正在展開？在一團混亂的巧合中，可能包含了什麼訊息？記下這些訊息是否有助於理解的過程？由於巧合的發生通常與壓力、情緒強烈及需求有關，那麼，是什麼樣的環境引發了巧合？

我先前提到的那位老師因為巧合而感到無措，同時也在糟糕的婚姻關係中掙扎不已。可喜的是，仔細分析巧合所包含的訊息讓她得以解脫，決定做出改變，並在隨後放手離婚。此後她變得更獨立，學會信任直覺，將巧合當作做決定的指引。[12]

對於正在經歷精神病發作的某些人，巧合也有其心理用途。就我的經驗而言，他們通常是從巧合中獲得有用和有趣洞見的雙相障礙患者；當然，他們仍需要藥物來處理情緒擺盪的問題。

舉例來說，精神病學家威利福德本人曾經歷雙相障礙，他指出，在他躁狂發作時，巧合變得更加常見，然而在他抑鬱時，巧合便消失了。[13]這個觀察符合一個概念：當一個人的想法越多，越可能發現關聯。音樂家溫默（Gary Wimmer）曾被診斷出躁狂發作並住院治療，然而巧合促使他經歷了一個深刻且改變生命的神秘經驗。儘管醫生給他開了鋰鹽，但他最終沒有服用，也不需要這種藥物。[14]

有意義的巧合經歷可能導致某些人自尊膨脹，他們覺得自己因某個特殊目的而被選中了，並被賦予比別人更完整的現實視野。某種程度上，他們的確可能如此。可惜，他們沒有認清別人也可能享有他們的共時性，結果陷入了誇大的幻覺中，這讓他們喜歡對別人誇耀他們在宇宙中的獨特地位，乃至對別人試圖發表的平衡言論充耳不聞。

目前臨床醫師尚未接受過利用「共時性」來協助治療的訓練，即使研究累積的證據已經顯示：共時性能夠協助治療。[15]我希望研究人員能繼續研究這個概念，並將巧合融入治療過程的訓練方法。

即便無法透過專業人士，被巧合弄得吃不消的人也能尋求幫助。「附錄一」中所描述的「巧合計畫」（Coincidence Project）是一個多方參與的合作計畫，旨在闡釋那道讓我們連結為一體的不可見暗流。這個計畫的目的是透過覺察和分享巧合經驗，認清一切生命彼此之間的相互關聯。巧合計畫提供了一個線上平台，讓那些因為巧合而不知所措、感到孤立無援的人，能夠與他人建立連繫。

第十章　經歷巧合者的類型

許多人有過巧合的經驗，但並非每個人都關注自身的巧合。關注巧合的人可能只注意到某些種類的巧合，他們的關注侷限於他們所察覺巧合的首要用途或根本原因。因此，對巧合敏感的人，往往只屬於某一種類型。你是哪一種類型？

「**通才型**」會注意到各種巧合——偶發的驚人巧合、廣泛出現的小巧合，以及關於心靈、世俗、不相干和各種有趣的巧合。對這類人來說，巧合像是一個在身邊的朋友——讓人感到確信、安心、具有教育意義、能提供意見，並且不可思議。我就屬於通才型，我時常在日常生活中，以及擔任精神科醫師的執業過程中發現巧合。

「**只關注驚奇者**」，這類型的人只會記錄重大的巧合，而忽視日常生活中的巧合。在YouTube上主持和製作「被認可的新思維」（*New Thinking Allowed*）頻道的米什拉夫（Jeffery Mishlove）是其一。他在節目中說起了人生中的一個重大巧合。

「一九七二年，我做了一個十分強烈的夢，夢中出現我的曾叔公哈利。這個夢深刻到讓我哭著醒了過來，同時嘴裡還唱著歌。後來，我得知曾叔公哈利在我做夢的同時過世了！」[1]由於米什拉大的心理學教授們都無法解釋這個巧合，所以他決心成為一名超心理學家，目前他是唯一一位由合格大學（加州大學柏克萊分校，一九八〇年）授以「超心理學」博士學位的人。他還告訴我，他甚少在生活中發現巧合，雖然他是某個複雜巧合的焦點，這個巧合涉及了另一位心理學家恩根（Brendan Engen）。[2]

「**不可知論者**」是一些幾乎不曾注意巧合的人。只有當他們被問起或聽見別人的巧合經歷，才可能注意到某個巧合現象。然而，他們通常不會刻意去記住。

「**連結者**」會利用巧合來留意所愛之人生活中發生的重要事情。這項重要訊息往往是愛人之間不會分享的事，也許因為彼此身隔兩地，或因為某一方會認為這似乎是不適當或不必要告知對方的事。《巧合的源頭與意義》的作者羅利告訴我，她的幾個親身故事證明了她是一個連結者。在她的新書《心的最大勝利》（*The Supreme Victory of the Heart*）中，她表示共時性使得她對愛有更深刻的瞭解。[3]

巧合可以刻意用來與他人建立連結。社會心理學的研究顯示，在人際互動中，請求者與被請求者之間可察覺的相似處，能讓這個請求更容易被接受，例如，相同的生日、名字和相似的指尖，都能讓要求更容易被順從。（沒錯，相似的指尖是研究計畫的一部分。）然而，當計畫的參與者認為，他們與要求者的共同特徵在其他許多人身上也很常見時，他們比較不會順從要求。[4]

「**超級偶遇者**」，**這**類型的人在所見之處都會找到驚喜，他們相信自己能在最奇特的地方意外發現珍貴的訊息，也相信自己敏於覺察那些隱藏起來的訊息管道。根據厄爾德雷的描述，超級偶遇者喜歡花一整個下午時間遍尋奇怪的東西，部分因為他們指望從中找到珍寶。[5]

設計師、藝術家和熱中創作的格茨（Geoffry Gertz）認為自己是一名超級偶遇者。他在個人網站中分享了以下例子：「在布魯克林的布希維克倉庫區，我偶然發現了藝術家史坦頓（Beau Stanton）的大教堂壁畫風格錯視圖。當時我正好帶著廣角鏡頭，於是拍下了這幅手繪傑作，並與我的夥伴穆賽（Christopher Musci）合作，依據這幅影像，迅速創造出一個平面圖案，然後以數位方式印在亞麻布上。這個只為了用於課堂示範的作法，說明了科技的即時性允許我們從某次偶遇中迅速產生概念，並很快地加以轉譯。」[6]

超級偶遇者也包括那些在日常搜索中培養「人體ＧＰＳ」能力的人，他們在資訊豐富的環境中四處游走，試圖找出有趣和有價值的東西。

有些經歷巧合的人善於利用巧合來推動他們的人生使命，包括上述的連結者和超級偶遇者，以及企業家、教師、治療師、博物學家和小說家。

「**企業家**」類型的人，可以將共時性融入領導決策中。作家賈沃斯基（Joseph Jaworski）在他的《共時性，探索內在領導力的途徑》（*Synchronicity, Exploring the Path of Inner Leadership*）一書中表示，在對相互關聯和共時性有所理解的前提下追求深刻的承諾，能使領導者有意識地為「可預測的奇蹟」創造條件。[7]目前他從事大規模組織改造的規劃和執行工作，以及策略制定和實施。在私人生活中，賈沃斯基遵從直覺在芝加哥的歐海爾機場（O'Hare Airport）跟不認識的人攀談，而成功找到他未來的妻子。[8]

教師和學生之間的巧合，可能能夠幫助學生加速學習，以及為他們提供心理支持。這些事件遠比教師或學生所以為的更加常見。巴斯（Christopher Bache）博士是俄亥俄州楊斯鎮州立大學（Youngstown State University）哲學與宗教研究系的榮譽教授，也是加州整合學院（California Institute of Integral Studies）的兼任教師和智力科學學會（Institute of Noetic Sciences）會員。如同第三章提到的馬克斯·安東尼，巴斯也碰上了許多在課堂上與學生的連結。

他注意到學生在他的講課中發現了他們的人生片段。他在《活生生的教室》（*The Living Classroom*）一書中寫道：「有時那觸及了他們長久存疑的問題，或者引發他們一直在尋找的洞見，是他們進入人生下個階段前需要發現的東西。有時它戳破了在他們體內潰爛多年的個人痛苦，彷彿他們的靈魂偷偷地向我透露訊息，暗示我如何能與它們取得聯繫——告訴我它們躲在何處、它們哪裡受了傷，還有最重要的是，它們需要什麼樣的概念，以便跨出下一步的發展。這個過程，無論是什麼，顯然關乎靈智，而且顯然是一種集體活動。」[9]

有些**治療師**發現巧合能幫助推動心理治療的過程，就像榮格在典型的共時性故事中所做的那樣（容格在某次療程中，碰上聖甲蟲適時地出現）。在我接受精神科實習醫師訓練期間，一位榮格派治療師告訴我：「你的問題會自動走進你的辦公室。」在我的職業生涯中，我多次注意到與之相似的情況。有幾份研究報告證實，巧合會定期發生在進行心理治療期間。[10,11,12,13,14] 巧合可能對於病患和治療師都有幫助。心理治療的場所為共時性研究的應用提供了豐富的機會，如同心理療法研究者里夫施拉格（Gunnar Reefschläger）的資料所示。[15]

榮格派治療師馬洛（Helen Marlo）在心理治療過程中預期了巧合的發生。馬洛是舊金山榮格學會（C. G. Jung Institute of San Francisco）的分析師，也是那慕爾聖母大學（Notre Dame de Namur University）臨床心理學系教授和系主任。在一篇名為「共時性與心理療法：心理治療關係中的無意識溝通」（“Synchronicity and Psychotherapy: Unconscious Communication in the Psychotherapeutic Relationship”）的論文中，馬洛描

述了一名想要變成鳥的病患，這個願望反映了這個病患渴望擁有一個強大的母親（母鳥）來滋養他。隔週，該病患走到窗邊，頭一次注意到幾週前已經築在附近窗口的鳥巢裡有一隻雛鳥。就在那時，母鳥飛到巢上，餵了一隻蟲子給雛鳥吃。這個事件成功幫助該病患打破心防，願意對馬洛坦露他內心的母愛需求。[16]

「博物學家」會在大自然中發現巧合。他們時常希望能利用巧合來幫助他人與自然世界建立連結，以及發現人類和其他生物的親屬關係。南非的茲爾斯特拉（Matt Zylstra）是一位整體生態學家，擁有十五年的國際研究、教育和促進社會—生態協同改變過程的經驗。他的跨學科博士研究探討了涉及自然界生物的共時性，是如何促進人與自然的連結，從而將那些經歷巧合者轉變成永續發展的支持者。

二〇〇五年的動蕩時期，茲爾斯特拉得知他的密友已經過世的消息。他獨自待在荷蘭某城鎮附近的樹林裡，輕聲說話安慰他那已故的朋友亡靈。在他閉著雙眼時，突然感覺某個東西落在他的前額，接著有另一個東西落在他右肩，然後又有一個落在他的左前臂。竟然是三隻蜻蜓分別停在他的身上。幾分鐘後，牠們飛走了。這件事非常奇怪，因為附近並無蜻蜓偏愛的水塘棲地。這個經驗挑戰了他的理性主義，他開始致力於研究大自然中的共時性。[17]

此外，巧合能夠、也確實推動了虛構故事的情節。許多童話、小說、電影和戲劇都取決於有意義的巧合——請你在看電影時記得這點。許多時候，對的人在對的時機和地點出現，可以說，沒有巧合就沒有故事。[18]

「**小說家**」時常利用巧合來引導故事和推動情節。巴斯特納克（Boris Pasternak）的鉅著《齊瓦哥醫生》（*Doctor Zhivago*）中就充滿了巧合，因為巴斯特納克相信巧合是生命之流的一部分。他推論：「情節裡的頻繁巧合不是小說家暗地耍詐的權宜之計，事實上，它們描繪出有些任性、自由、離奇的現實流動的特性。」[19]在狄更斯的小說《塊肉餘生記》（*David Copperfield*）第二十五章，主角大衛聽見特拉德（Traddles）的名字被通報。大衛還沒能跟特拉德說上話，便先告訴他的東道主，這個人可能是他昔日學堂的舊友。「這是一個離奇的巧合。」大衛說。「這的確是，」東道主說，「相當離奇，特拉德竟然會出現在這裡：因為特拉德今天早上才被邀請，而那個席位原本是留給亨利．史派克夫人的兄弟，由於他身體微恙才空了出來。」[20]與老朋友重逢是多麼幸運的事！

有些經歷巧合的人，利用巧合來證實他們對現實運作的看法，這些人包括了「**機率論者**」、「**心流者**」和「**上帝眨眼者**」。其他如「**理論家**」這種類型的人，則運用他們所偏好的理論來解釋巧合。

「**機率論者**」相信所有的巧合都可以透過機率和統計學來解釋，他們認為巧合中的錯誤歸因是思考扭曲的結果。本書前文提到的研究者大衛・漢德正是一位機率論者，同時也是《不大可能原理》一書的作者，他在書中列出五項「法則」，他認為這些法則充分解釋了大多數的巧合（詳情請參看本書第五章）。藉著訪談的機會，他說起以下的巧合。

在他的新書《不大可能原理》[21]出版的同一個月，有部名叫《巧合》（*Coincidence*）的小說在美國出版，內容講述倫敦某位教授研究巧合學的故事，這個主角就像大衛・漢德一樣；而小說中的女主角設定則和漢德的妻子一樣在同一所大學教書。此外，小說中虛構的教授和漢德有著相同的生日——六月三十日。[22]

在某次訪談中，我們在第三章「心—物巧合」中遇見《巧合》這本小說的作者艾恩芒格，他告訴我，他在他的小說出版之前，從未見過漢德或知曉他所從事的研究。[23]不過，漢德和艾恩芒格都傾向於用機率來解釋這一連串的巧合這點，而我則偏好用「心靈層」（psychosphere）這個概念的連結來解釋，我將在第十二章詳述。

精神病學家路易士（Ralph Lewis）對機率造成了巧合這種事，比大衛・漢德更加確信。在寫給《今日心理學》（*Psychology Today*）雜誌的一篇文章中，他宣稱：「如實地了解這個世界——基本上是隨機的——能解放我們，並賦予我們能力。根據路易士的說法，他認為相信巧合有背後的解釋，只會讓我們變得貧乏。」[24]我曾有機會和他對話，我發現任何關於巧合研究的新資訊都無法讓他改變他所相信的隨機性，他是如此相信隨機，就像一個無比虔誠的人堅信上帝的全知全能。[25]

物理學家史坦格（Victor Stenger）將上帝與隨機性並列，他提出理論說，上帝靠著被運氣決定的各種途徑創造了宇宙，但除此之外，祂並不刻意干預物質世界和人類的生活。[26]

某些經歷過巧合的人，會視巧合現象為心流狀態的一環，「心流」一詞因為契克森米哈伊（Mihaly Csikszentmihalyi）的著作《心流：高手都在研究的最優體驗心理學》（*Flow: The Psychology of Optimal Experience*，繁體中文版由行路出版）[27] 而普及。心流好比口語中的「得心應手」，是一個人從事某種活動時，沉浸在精力充沛的專注感、完全投入其中，並且享受活動過程的心理狀態。契克森米哈伊確認了進入心流所涉及的若干要素：每個階段的明確目標、對於某人行動的立即回饋、挑戰與技術之間的平衡，以及將活動變成本身的目的。

「心流者」承認，當他們沉浸和臣服於心流，巧合現象更可能發生，而且他們善於利用巧合在生活中指引自己。作家暨企業家麥克．辛格（Michael Singer）就是一位心流者，在他的《臣服實驗：從隱居者到上市公司執行長，放手讓生命掌舵的旅程》（*The Surrender Experiment: My Journey into Life's Perfection*，繁體中文版由方智出版）

一書中，說明了他如何決定「讓生命發號施令」。他從一個幾乎被退學的大學生，變成在史密森博物館（Smithsonian Museum）被紀念的程式設計師，[28]這件事在他說來，彷彿跟自己毫不相干。

不同於辛格，音樂家兼物理學家斯凱・納爾遜—艾薩克（Sky Nelson-Isaac）認為，我們每個人都需要認清幫助巧合發生的個人責任。他學會在做決定的關頭，期待某些難以預料的事件會驚奇地匯合，從而可能帶來的幫助。斯凱在《活在心流中：共時性的科學以及你的選擇如何形塑你的世界》（*Living in Flow: The Science of Synchronicity and How Your Choices Shape Your World*）一書中描述了這個過程。斯凱不同於描寫共時性的大多數作家，他特別強調創造巧合時，每個人的能力和他們所負的責任。在他的著作中，他利用許多親身經歷來顯示，人們如何參與創造能在日常生活中協助我們做決定的巧合。[29]

許多爵士音樂家往往憑藉著由他們當場完成、結構複雜的即興創作，而成為一名卓越的心流者。例如我的朋友夏綠蒂市的爵士小號手德爾思（John D'Earth），他發現自己直覺地知道別人在做什麼，以及接下來會發生的事。

「**上帝眨眼者**」，這類型的人相信世界上沒有巧合，因為所有巧合都是上帝的安排。在魯斯內爾談到「上帝眨眼」的每一本書中，他所遇見的每一個巧合都讓他得出這個結論。他對他自己的巧合抱持著相同的看法。[30]我從閱讀這些著作瞭解到，魯斯內爾認為，在他的巧合背後的上帝，正是基督教的上帝概念。

當代精神導師羅伯特・培里（Robert Perry）致力於教授「奇蹟課程」。他靜默地從某種特殊的巧合形式中看見了上帝，他稱之為「有意義的相似事件同時發生」（Conjunctions of Meaningfully Parallel Events, CMPEs）。這種特殊的巧合形式涉及兩個相距幾小時內發生的極相似事件，這兩個事件平均來說至少約有八個相似之處，但有時多達三十個。CMPE被設計成和個人處境相關的注解。在培里看來，其解讀存在於CMPE本身，因此，兩個客觀的觀察者會得出相同的結論。CMPE可以提供我們做決定的指引、洞察情勢，甚至能夠預測未來。[31]

「**理論家**」利用巧合作為理解現實運作的線索。榮格的共時性原理開啟了西方思維中的這個概念。對於榮格而言，共時性提供了證據，證明原型（存在已久的人類思想和行為類型）存在於產生心靈和物質的領域，亦即一體世界。共時性證明各種事件也可以透過意義來彼此連結，不只透過因果關係。

榮格深受萊恩的超心理學作品的影響，以及與他曾經的病患、諾貝爾獎得主物理學家包立（Wolfgang Pauli）共事的影響，他將新興領域超覺研究和量子物理學的發現運用到共時性的理論中。[32]

量子糾纏的觀察，激發出榮格的非因果概念：兩個相隔極遠的粒子，即時對彼此的變化作出了反應，這種即時反應無法以傳統的因果關係加以解釋。該觀察導致「非定域性」這個術語的產生，因為訊息似乎是立即傳送的，而非利用訊號或能量。非定域性不同於「定域性」。定域涉及一個任何被接收到的訊號以光速、或低於光速行進的宇宙，而量子糾纏挑戰了這個假說，開啟了「非因果性」解釋的可能性。

有兩名心理學家和一名哲學家正藉由聚焦於「湧現屬性」（emergence）來研究複雜性、混沌和巧合之間的關聯。湧現屬性是複雜和混沌系統的特徵，可被描述為一種新出現的概念，因為它無法降級為它所被組成基礎過程中的屬性。[33] 意識從大腦神經網絡「湧現」的概念，就是一個通俗的例子。

複雜和混沌系統是非線性、動態系統的範例，它們能為巧合的發生提供肥沃的土壤。榮格派心理學家康布雷（Joe Cambray）和哲學家科普蘭正在建立關於複雜性的理論，而獨立進行研究的心理學家羅伯特·薩科則著重於混沌理論和碎形。

「動態系統」這個概念發表於《流行病學與社區健康期刊》（*Journal of Epidemiology and Community Health*）的一篇論文：「它是狀態（和變數）隨著時間演變的系統，它的演變取決於某種規則。一個系統如何隨著時間演變，取決於這個規則和初始條件——亦即該系統在某個起始時間的狀態。將這個初始狀態加入規則中，會產生一個解決方案……這說明了該系統將如何隨著時間而變化，而混沌是藉由將解決方案加回規則中作為新的初始條件而產生。如此一來，便有可能指出在未來的某個特定時間，該系統將處於何種狀態。」[34]

不同於傳統系統輸入和輸出的關係，原因的強度不會與結果的強度成正比，小小的輸入也可能導致系統中的巨大改變。混沌系統與複雜系統之間的關鍵差異在於互動部分的數量，以及這個差異對於系統行為造成的影響。

混沌系統的產生，源自於反覆運用一個簡單數學規則的複雜行為，而複雜系統的產生則源自於回饋組成部分行為的大量次單元，在簡單互動下的複雜行為。[35]

複雜系統可能出現新的屬性，它們似乎在秩序與混亂之間的邊緣運作。混沌系統可能產生碎形，碎形是相同形態在不同規模或強度上的重複，這些形態看似形狀相同，但大小不同。[36]想知道碎形是怎麼一回事，可以參考心理學家馬爾克斯—塔洛（Terry Marks-Tarlow）的文章〈超個人心理學的碎形認識論〉（“A Fractal Epistemology for Transpersonal Psychology）。[37]

康布雷相信秩序與混亂之間的流動狀態充滿了創造的潛力，但也有潛在的危險，太多的混亂可能導致精神病思維。結構是創造力湧現的基礎，但太多結構則會導致僵固，因為湧現需要系統重構的彈性。如同詩人佛洛斯特（Robert Frost）所言：「當你放鬆控制，你便擁有了自由。」複雜系統能展現自我組織——系統在不受外部控制時會自發性地進行自我規劃。自我組織的湧現屬性就可能產生共時性。[38]

薩曼莎．科普蘭表示，科學發現中的「意外之幸」也是產生自智慧、技術和知識結構，以及機會、運氣和隨機性的不可預測之間的流動狀態。[39]

心理學家薩科研究了碎形對稱與共時性之間的關係。他利用生日作為暫時的依據點，來預測日後變成共時性的碎形關聯。精確碎形的建立是藉由在不同尺寸上重複某個形態，而共時性與引入隨機性到結構中的「統計的」碎形有關，因此，巧合的要素不是精確的重複。羅伯特．薩科認為，由於混亂能創造碎形，所以混沌理論可能有助於解釋某些共時性。[40]

有部分的理論家是「**連續者**」，他們能理解一連串的重複形態，相信重複的形態能提供關於現實運作方式的線索。我們在第三章的「連續性」部分提到心理學家許瓦茲，他自詡為連續巧合的大師。他的《超級共時性：科學與靈性的交會處》（*Super Synchronicity: Where Science and Spirit Meet*）詳述了許多共時性的案例，這些案例涉及了數字十一、渡鴉、鴨子和其他事物。他在書中提出了量子共時性理論，他相信這個理論提供了現實運作的指引。[41]

「**數字追蹤者**」是「連續者」的一個子類型，他們會專注於對他們而言已經變得具有意義的特定數字——23和11:11似乎是他們特別喜愛的數字。對某些人來說，數字串指出潛在的現實或密碼。數字23引發許多人的想像，它是由兩個連續質數和唯一的偶數質數二所構成。每個父母都為人類生命的伊始貢獻出23個染色體。人體細胞的細胞核有四十六個由23對染色體所構成的染色體；有兩部電影以「23」為片名。

獲頒諾貝爾獎的經濟學家納許（John Forbes Nash）是電影《美麗境界》（*A Beautiful Mind*）的主角，他同樣著迷於數字23。[42]我自己也有一個與這個數字有關的個人故事：打從我的大學足球隊球衣開始，數字23似乎伴隨我往後生活的許多年。

特殊數字是羅列不盡的，因為數字太多了。追尋某個偏愛的數字的人，會在值得注意的地方發現它。但是，到底要如何挑選那些透露未知現實的潛在數字線索，還有待釐清。對某些人而言，11:11之所以特別，是因為在十二小時制的時鐘上，它是唯一一次包含了四個相同數字的時刻。

最後，有人對於巧合可說完全不敏感，我們可以稱之為「**否認者**」，因為儘管他們經歷了發生率極低的巧合，卻不承認巧合對主流科學原理所提出的挑戰。

上述這些經歷巧合者的類型，絕非窮盡了所有的可能。許多人以當中所描述的好幾種方式，經歷了有意義的巧合。你屬於哪種類型？知道自己理解巧合的方式，會讓你與那些用相同及不同方式處理巧合的人的關係更加緊密。每種觀點都能讓你瞭解自己的觀點。

我利用這些透過「有意義的巧合」所獲得的線索，致力於解密現實的運作方式。本書的後半段，我在第十二章提出「心靈層」的存在，作為巧合藉以發生的方式之一。接下來，我邀請你將注意力直接對準你自己的生活。

PART 3 將巧合融入生活

第十一章 「沒有巧合」

「沒有巧合！」這句話透露出「巧合」這個主題骨子裡的自相矛盾。巧合的定義——兩個或多個事件以意想不到的驚人方式一起發生，而且缺乏有明顯因果關係的解釋——內含可能有某個解釋的暗示。然而，有解釋的可能性卻又創造出聲稱「沒有巧合」的機會。因為，如果可以確認巧合背後存在著某個原因，那麼它便不是巧合。或者說，「事情實在太巧了，巧到不可能是巧合！」

如同某些人所認為的，如果上帝正是巧合背後的原因，那麼，巧合就不再是巧合。當上帝被召喚來解釋巧合，你就成了領受神恩的人。「巧合是上帝保持隱匿的方式。」或者，「那是命中注定。」

涉及「人體GPS」和其他形式的超自然能力等相關經驗，似乎是巧合。但由於「超覺」不被主流科學承認，因此，明確發生的超覺事件只能被視為巧合。然而，一旦傳統科學承認「超覺」是真的，那麼這些事件將不再被視為巧合。也就是說，除了解釋超覺事件的惱人問題之外，將它們稱作「超覺事件」至少是個開始。那麼，在巧合的一切解釋都用完時，還剩下什麼？隨機性。如果是這樣，那麼就連「巧合」一詞都不再適用了，因為它們只是隨機事件，不是巧合。

總地的說，因為巧合的研究有一部分是為了試圖瞭解巧合發生的根本原因，而一旦瞭解原因，巧合便不再是巧合了！

即使上帝、統計學、超自然能力和其他的個人作用，都被視為巧合的解釋，但有些巧合依舊無法得到解釋——毫無原因。正是在這些剩餘的案例中，有些研究者尋求瞭解現實的本質，例如說：連續巧合。許多連續巧合似乎不具備個人意義，某些研究者認為，這暗示了某種潛在的現實形態的存在。

我們先前提到的維也納生物學家卡默勒，將他對這些連續巧合的觀察加以系統化，並發展出若干解釋，企圖在目前科學知識的限制下，說明它們是如何發生的。

他表示，訊息無法被破壞，系統統合在一起越久，系統內和周遭的每一部分都會獲得該系統的印記。當系統一旦瓦解，其碎片也會帶著原本系統的標誌。創造巧合的方式之一，來自於它們的持續移動，這些部分可能碰見彼此。利用物以類聚的概念，同一系統的類似部分會一起出現，創造出連續巧合。卡默勒相信，我們的環境中含有無限量的訊息，這些訊息會不停地移動，而且大多不是我們能夠察覺到的。[1]

榮格雖然對這個理論存疑，但他利用了卡默勒所提議有待確認的原因，來支持他的非因果性共時性原理。[2]

心理學家許瓦茲在他的著作《超級共時性》中，為一長串的巧合提供了無所不包的解釋，從機率從到「一心」（One Mind）——這個概念是指我們個別的心是更大的意識的一部分。[3]他用「以量子為基礎的共時性」作為結論，該理論建立在量子波「如鋼鐵般真實」的假設之上，這是史坦格的作品《量子諸神：創造、混沌，以及搜尋宇宙意識》（*Quantum Gods: Creation, Chaos, and the Search for Cosmic Consciousness*）一書[4]給他的啟發。

史坦格在他的書中提到眾所周知的波粒二象性，表示量子能夠以波或粒子的形式存在。他聲稱，波粒二象性的波描述了粒子的行為，而非粒子的另一狀態。波包含了形式、形態，以及最終的意義。許瓦茲據此提出論點，認為一連串的巧合就像量子粒子，並形成意義的波。[5]

我懷疑一連串的鴨子如何能被比作一連串的粒子。它們的大小相差甚遠，還有，量子理論究竟可以延伸到日常生活事物的什麼程度，這依舊會是個問題。一長串的巧合所造成的「波」有什麼隱含的意義？它們的形狀和動作，告訴我們有關現實本質的什麼事？許瓦茲還有更多理論有待發展。

生物學家魯珀特．謝德瑞克表示，自我組織的實體會遵循與之相似的其他實體所建立的形態。（自我組織的實體會組織自我，不需要外部的指引，而機器需要人類來組織它們。）他認為，大自然儲存了能幫助指導現存類似實體的集體經驗形態，他稱這些自然習性為「**形態共鳴**」（*morphic resonance*）——和與之類似的生物形態產生共鳴的形狀。

「形態共鳴，」謝德瑞克寫道，「是在形態場（morphic field）的組織下，先前的活動結構對其後類似的活動結構產生的影響。它使記憶能夠穿越空間和時間，從過去傳遞而來。相似性越高，形態共鳴的影響力越大。意思是說，所有自我組織的系統，例如分子、晶體、細胞、植物、動物和動物社會，都有集體記憶供每個個體汲取和貢獻。在最廣義的解釋下，這個假說意味著所謂的自然法則更像是一種習性。」[6]

這個共鳴的重複形態，聽起來就像彼此共鳴的碎形。大量類似的、一再發生的形態共鳴創造出一個形態場。關於形態場的知識可能會歷經像磁場相關知識那樣的變化：磁場最初被觀察到時，沒有人能做出解釋，而今，科學對於磁場的運作已經有了明確的認識。形態場理論目前仍在假設階段，有待進一步的實驗測試來弄清它們如何運作。「形態共鳴」試圖解釋主流科學無法解釋的現象。

科學對機器十分拿手，但對於生物可就沒那麼擅長。再者，機器和生物的決定性差異，是生物能夠組織自我。機器需要一個自我組織的生物來告訴它該做什麼，而動物和植物則可以利用自己的ＤＮＡ和其他東西來組織自我；這個「其他東西」，或許就是形態共鳴所產生的形態場。

謝德瑞克利用「形態場」來解釋心靈感應。他選擇在現實生活中研究心靈感應的現象，而非在圖書館裡。如先前所述，他的研究顯示：關係親密的人更可能彼此產生心靈感應，因為他們擁有許多共同的形態，他們共享一個提供理論上的思想傳遞媒介的形態場。好比說，同一個家庭、運動團隊和爵士音樂家就享有強大的形態場，並透過這些形態場傳遞心靈感應的訊息。形態場的形成可能耗時多年，它們存在於任何一群一起做著相同事情的人們之間。型態場中的成員即使分開之後，依舊會保有不同程度的連結。

形態場假說支持了那些相信內心想法能夠影響現實的人——尤其在被灌注需求和意圖時。需求將意圖注入了形態場，發現並創造了類似的形態。意圖形態在形態場中與其配對者共鳴，產生了類似的形態。由此，謝德瑞克相信，為別人祈禱能夠幫助治療他們，還有，那些被需要的事物、想法和人也會出現。[7]

撇開一切理論，巧合是存在的，或者至少說，**巧合似乎存在**。若說沒有巧合，我們就沒有探究巧合的必要了。質疑巧合的存在迫使我們去理解巧合的模稜兩可，以及探索我們可能的涉入。你大可採取隨機觀點，在心裡揮揮手打發掉大多數的巧合，認定它們不值得進一步的關注。或者，你可以找尋它們可能具備的個人意涵，使你的生活變成一場發現新事物的冒險之旅。

第十二章　從一體世界到心靈層

當物理學家去敲開心理分析學家的大門，會發生什麼事？在一個歷史性案例中發生了許多事。一九三〇年，奧地利物理學家沃夫岡．包立在離婚之後心煩意亂和酗酒，他去尋求榮格的治療。榮格轉而從包立那裡學到了有關量子力學的事，以及測量一個粒子的狀態如何能夠立即影響另一個粒子的狀態，一種稱作「糾纏」的特性。這個概念令榮格著迷，那時他早已創造了「共時性」這個用語，來描述非因果性連結原理。

事件能否藉由它們的意義糾纏在一起？透過包立的量子力學觀點來看待榮格的共時性概念，促使榮格和包立構思出「**一體世界**」（*unus mundus*，或譯「合一世界」或「一元世界」）的概念。這個中世紀的神秘詞語意思是「同一個世界」，這個世界不受時間和空間的限制，進一步擴展了「一**心**」的概念。這種缺乏時間和空間的限制也是量子場論的特性，往往在量子糾纏中被描述成非定域性。這些事無法透過標準的因果關係加以解釋。

一體世界

榮格奮力對抗西方世界對於這種專斷的因果關係看法的倚賴。「構成我們科學世界觀基礎的因果關係論，將一切分解成一個又一個個別的過程，並小心翼翼設法讓它脫離其他所有類似的過程。當然，如果我們要獲得可靠的世界知識，這種傾向絕對是必要的，但就哲學角度而言，這樣的因果觀破壞或模糊了事件普遍的相互關係，導致我們越來越難辨認出一種更為宏大的關係，亦即宇宙的一致性。」他用「一體世界」來說明這種一致性。[1]

榮格相信一體世界中存在著**「類心靈」**（psychoid）的元素。一體世界中的類心靈居民是榮格所稱的「原型」，它們既非物質也非精神，而是一種看不見的形式，指引著我們的想像力、感知和思考。在某些情況下（生活壓力源、強烈情緒和需求），這些原型會**「群集」**（constellated），或者被活化。

這些活化的原型以時間關聯的方式，連結起巧合中的「心—物」組成部分。這裡所說的，不是傳統意義上的原因，它們是藉由每個事件與原型共通的意義相互連結。這種同時發生的現象暗示著某種因果關係。榮格引進一個新說法——活化的原型「造成」了兩個意義相關的事件在同個時刻一起發生，也就是共時性。

榮格派心理學認為，基本的原型包括了人格面具，也就是我們在社會上呈現給別人看的面具；陰影，所有不受社會和我們自己歡迎的東西，包括貪婪、仇恨、侵略性、淫慾等；陰性基質（Anima）／陽性基質（Animus），意思是男性中所帶的女性特質和女性中所帶的男性特質；以及自我。而有意識的自我、陰性基質／陽性基質、人格面具和陰影的整合，就成了個體化／自我實現的目標。

較常被辨識出來的原型則包括了母親、父親、國王、皇后、智者、愚者、魔術師和搗蛋鬼。主要的負面原型包括了內疚、羞恥、死亡、暴力、戰爭、偏見、無知、暴虐、殘酷、奴役、說謊、腐化，以及富人支配窮人。榮格主張，認識和解決負面原型——陰影——是個人和社會發展不可或缺的關鍵。[2]

榮格派學者有時會將巧合定義為共時性——如果它有助於個人的個體化過程。榮格說：「我用『個體化』這個用語來表示一個人藉以變成心理上的『個人』的過程，也就是說，一個個別的、不可分割的統一體或整體。」[3]

個體化也暗示了另一種解釋——巧合發生的目的，是引導人們進入未來的一種形式。的確，許多巧合似乎設定好要幫助人們度過他們的人生階段，包括關係、工作、財務、健康以及心理和精神的發展進程；甚至，巧合能夠幫助人們釐清他們最終的人生目的。

一心

醫師暨作家拉里・杜多（Larry Dossey）是「一體世界觀」的擁護者。在他的著作《同一個心》（*One Mind*）中蒐集了大量證據，為了證明人的心不是裝在一個頭顱裡。這些證據來自神秘經驗、瀕死經驗、轉世記憶、遠距治療研究和預知報告。[4]在另一本書《不可化約的心》（*Irreducible Mind*）中，維吉尼亞大學研究教授凱利（Edward Kelly）和同事也進行了大量研究，顯示每個人的心都是「更大的心」的一部分。[5]

這個「更大的心」被賦予許多名稱，例如宇宙、源頭、意識、大靈、非定域的心、全體的心、普遍的心、潛意識的心、大心、超意識、全息領域、超驗的心，以及……上帝。不過，那些不願將意識擬人化為男性的人，往往避免使用「上帝」這個名詞。話說回來，如果只使用**「心」**這個字，恐怕會貶低了情緒的重要性，所以更準確的名稱應該是**「全體的心靈」**（Universal Mind-Heart）。

上述每個名稱都暗示：人的心有能力跨越到傳統的時間和空間概念之外。推至極限，人的心有可能是全知的——能知道過去、未來與現在正發生的一切；它在空間中是無限的，在時間中是永恆的，它能即時存在於這個廣袤、迅速擴張的宇宙中的任何地方。

我們難以描述這個大意識是什麼，因為我們身處「其中」，甚至還有語言的侷限。人類就像水裡的蝌蚪那般，無法分辨牠們自身及沉浸其中的介質的區別。然而，有些人會變得像青蛙，牠們能坐在池塘邊清楚地看見**意識**。或許，人類能集體發展出一種能夠觀察**意識**的超意識，就像個人的心能利用所謂的「自我觀察者」，退後一步去觀察自己的心，我稱之為「集體自我觀察者的超意識」，本書第十四章中將有詳細討論。

許多人有過**「同一」**（Oneness）的經驗，以及感覺到無限和永恆。我自己就曾瞥見無限從我的雙眼朝著各方向開展，而我的心位於一個擴大圓圈的中心。我能看向無限，但看不見無限。我能認知到我所有感官的極限，包括我自己意識可及的範圍。

許多非比尋常的巧合，讓我們能更審慎地思索**「意識」**這個東西，這暗示人們經常能在包含需求、壓力和強烈情緒的環境中，找到方法取得那些通常得不到的訊息。強烈的需求能逼使人的心得以超越平常的能力，好比我們都聽說過，十萬火急的時刻，有人可以使出超人的力氣抬起一輛沉重的汽車，解救受困者。[6]

心如何超越它們平常的能力，以及，它們從什麼地方取得這種能力？這個「地方」必須含有它所需的訊息。要取得這種能力，必須讓心與這些訊息產生連結。那麼，心如何進行連結？

首先，似乎必定有某種信號在這個人和來自另一人（心靈感應／同時感應），或來自遠處（超感視覺）的所需訊息之間傳遞。這裡的信號如果是某種電磁信號，那麼它勢必會隨著距離而減弱，然而在法拉第籠——能屏蔽大多數電磁信號的一種大型金屬箱——中所進行的實驗，並不會影響人的超自然能力。此外，這些能力也不會在深海中隨之減弱，這表示，就連極低頻（ELF）波也不涉及其中。[7]

這些實驗雖然好像證明了電磁波與超能力毫不相干，但由於我們對宇宙物質（如暗能量和暗物質）基本上處於無知的狀態，想完全排除這種可能性還太早。或許，有某些未知的訊息載體也不會隨著距離而失去信號強度，而且還能穿透礦井、海洋和法拉第籠。也或許，某些生物擁有我們尚未知道的信號受器，來接收這些信號能量所承載的訊息。[8]

然而，更可能的是，心「挖掘隧道」穿越了某種未知的媒介，在頭顱之外取得了想要的訊息。我用「挖掘隧道」一詞，是因為心必定專心致意地找尋它所需的訊息，而這個過程也像透過水底隧道的移動，這讓專一的心能穿越整片區域而不進入其中，否則，心會被其他訊息給淹沒。

有意義的巧合帶給我們的重要教訓是：每個人的心都與他人的心及環境相連，緊密程度遠勝於目前科學要我們相信的那樣。藉由追蹤巧合，我們能建構我們的心和環境關係地圖，從而發展出「心靈層」的地圖。

心靈層

我認為，我們周遭存在著一個「心靈層」（psychosphere，或譯「精神圈」）。心靈層就像大氣層一樣包裹著我們，一切生物皆沉浸其中。在流動變遷的心靈層中，各種能量和訊息就像大氣裡的氣體、雲、風、水蒸汽、粒子和電磁輻射那樣的移動。心靈層的能量和訊息包含了人類全部的想法、感覺和行為，就像身體吸入氧、呼出二氧化碳，每個人心都透過心靈層彼此交換、表達和接收想法、感覺或和各種行為形態。

在想像「心靈層」的概念時，我會後退一段距離來觀看，就像人的內心在觀察自己的心理活動時那樣後退一步，這麼一來，我便成為心靈層的自我觀察者的一部分。我想像心靈層就像河流的渦流、湖水的平靜、海洋的不受拘束、水坑的平緩泥濘，以及雨水、眼淚和汗水的滴落。

批評者反對以這種方式描述心靈層的特性。他們聲稱這是一種投射：「你將人類特性投射到這種捏造的神秘事物上了。」批評得沒錯，我的確將個人「心」的概念投射到了這種神秘事物之上。

在心理病理學中，投射是將自己的心投射到他人的心，然後表現得彷彿別人是依據這些想法和感覺在行事。而在正常思維下，投射可想像成在別人心目中的你自己，這是一種心智和情緒移情的嘗試。由於心靈層包含了我們的集體心智，因此，它應該被想像成包含我們每個人的心，以及動物、植物和真菌（既非動物也非植物）意識的基本特質。

我絕非第一個提出「心靈層」概念的人。精神病學家史蒂文生對此給了一個不同的名稱。為了解釋轉世如何運作，他創造了*psychophore*這個用語，意思是「靈魂載體」，來說明個人意識從一世傳遞到另一世的方法。史蒂文生所提出的轉世案例，暗示了過去和現在的人格之間的某些連結。這些人格相似處是無法解釋的，因為其中的記憶仍然存在於活著的人心中，這並非憑藉可取得的公開紀錄，或心靈感應和超感視覺。「靈魂載體」大概是個人意識從某個已死之人傳送給另一個出生之人的方法。[9]

我所稱「心靈層」的另一個先導概念，是由路易士・湯瑪斯（Lewis Thomas）醫師提出，他也相信意識在死後會被保存下來。由於大自然傾向於保存有助於生存的有用特質，所以個人意識會在肉體死亡後透過湯瑪斯所稱「生物圈神經系統」（*biospherical nervous system*）回收再利用。[10]

法國哲學家暨耶穌會教士德日進（Teilhard de Chardin）和生物地球化學家維爾納茨基（Vladimir Vernadsky）則稱之為*noosphere*，意思是「智慧圈」。他們認為智慧圈來自於生物圈，而所謂「生物圈」，是由存在生命的地球各部分所構成，從樹木的最深根系延伸到黑暗的海溝、蒼翠的雨林和高山頂。[11]

科學家用「圈層」來描述地球。地球堅硬的表層是岩石層；大氣層是在岩石層上方延伸的空氣層；至於地球的水——在地表、地底和空氣中——則構成了水圈。智慧圈是大自然的一部分，就像岩石層、水圈、大氣層和生物圈。對德日進而言，社會現象促成了智慧圈，其中包含了法律、教育、宗教、研究、工業和技術體系。智慧圈是透過人心的互動而產生，而且是由人心的互動所構成。[12]

網際網路透過將訊息貯存於雲端的貼切比喻，反映出了「心靈層」的記憶能力。網路中含有我們的集體意識，由可供廣大群眾取得的想法、價值觀和影像所構成。在社會學中，集體意識指的是制度所承載的概念，這些概念使得社會團結一致，例如國家培養愛國心和民族主義；新聞媒體傳播著從穿著、投票、約會到結婚的觀念和作法；教育時常將人們塑造成順從的公民；而警察和司法制度則形塑了是非觀念，並透過威權或使用實質力量來指導人們的行為。此外，用以重申集體意識的儀式，也包括了遊行和節日、運動賽事、婚禮，以及購物。[13]我們可以說，動物、樹木、真菌和植物層次的意識，都是集體意識的一部分。

長久以來，神智學者將「心靈層」中的記憶稱為「阿卡西記錄」（Akashic

Record），「阿卡西記錄」被視為一種關於過去、現在或未來發生的所有人類事件、思想、文字、情緒和意圖的概要。[14]據說它在激發其顯現的環境下，例如需求、生活壓力和強烈情緒的觸發下，會被某些學者或巫師、甚至一般人讀取。換言之，有時是透過巧合的發生。

心的生態學

人類學家貝特森（Gregory Bateson）提出以下看法：心棲居於系統之中，它們是大自然的一部分，而非與之隔絕。「個別的心，」他寫道，「存在於身體裡，但不限於身體裡。它也存在於身體之外的途徑和訊息中，因為有一個更大的心存在，所以個別的心只不過是子系統。」[15]

每個人似乎都是由其他島嶼所構成汪洋中的一座島，然而，如同所有的島嶼被生成它們的海床相連在一起，人們也會透過心靈層彼此連結。心會塑造其他的心，關係創造出自我認同。人類的心被身體、大腦、家庭、社會群體、社會組織、地理、建築、植物和動物給形塑，但我們都出自於一個共同點。

環境和背景會對心造成影響，當人們處於不同社會和自然環境，無論在海邊散步或在擁擠吵鬧的派對中吃迷幻藥，他們會改變想法、感覺和行為。可以說同一個人，卻擁有不同的心。

至於社交孤立和單獨監禁，則會徹底改變心的功能。作為對異類的懲罰，有些社會排擠特定的個人或群體，一個被單獨監禁的囚犯會因為缺乏和他人的接觸而失去與自身的連繫，有些人因此名副其實地「丟失了他們的心」。[16]

大多數人相信他們的所思所想、看法和感覺毫無例外地都屬於自己，但心靈層的存在暗示了一件事：我們的許多思想、看法和感覺，在我們還沒認識到它們主要來自翻攪的心靈層之前，就進入了每個人的內心。因此，每個人都面臨著區分個人心理事件與周遭心靈層中心理事件的挑戰。[17]

我認為「心的生態學」這樣的領域研究，提供了一個能將「心靈層」概念化的平台。

同時的發現說明了我們的集體心靈

科學家、發明家和藝術家在彼此未曾交流的情況下，經常在差不多相同的時間有相同的發明，包括一八五八年達爾文和華萊士都宣布發現了生物的演化，以及一八七六年二月十四日，電話發明者格雷和貝爾兩個人於同一天到美國專利局申請專利。

如前所述，一份廣泛的「同時發明」名單在一九二二年蒐集完成。研究人員奧格本（William F. Ogburn）和湯瑪斯（Dorothy Thomas）發現，有一百四十八項重大的科學發明，是由兩個或更多人在約同一個時間發生的。他們表示，每個世代都會出現好奇、聰明、積極的個體，他們設法解開某個秘密，協助群體過上更輕鬆的生活。他們結合前人的思考成果與自己的知識和熱忱，帶領其他人迎向下一個發現。[18]他們似乎深諳集體意識在心靈層的走向。

前文提過的作家吉兒伯特對於寫作的過程有類似的看法，並在她的著作《人生需要來場小革命》（*Big Magic*，繁體中文版由馬可孛羅出版）中加以說明。她談到寫書的點子本身就存在，某種意義上，她必須去追求這些點子。她分享了一個不可思議的故事，關於她如何追求一個點子又失去了它，結果發現某個熟人寫出和她幾乎一模一樣的故事。她相信點子會找上作者，一旦作者沒有接納它們，它們便會離開去找別人。[19]

讓我把事情講得清楚些。某次，我和幾個朋友在咖啡店喝咖啡，遇見了一位在紐約市當作家經紀的女士。她說起許多作家的奮鬥史：「曾經在同個時間點，有五個作家寄給我關於某一議題的寫書提案。」她說，「他們每個人都要求我千萬別把這個點子洩露出去。」這個例子完美說明了所謂「時代精神」就像某種在空氣中到處飄浮，在我們集體心中的特定區域飄浮的東西，這個集體的心就是我們集體意識。它們就像飽含訊息的魚兒在心靈層迅速地游動，等待著某人到來，收線將它們釣起來。

在心靈層的概念漩渦中，有個簡單的基本原理：如果我正想著它，那麼，別人也會想著它。我在二〇一四年創造了「同時感應」一詞。兩年後，一部有著相同名稱、意義也相似的短片出現在Vimeo網站。[20]我聯繫了影片的製作者，然後得知他從未讀過我的作品，是他自己想出了這個用語。

每個人都不是一座孤島。巧合讓我們得以理解，並將我們的心相連在一起。心靈層是我們藉以交換能量和訊息的媒介，我們會吸入和呼出能量（訊息），因此，集體意識就存在於心靈層之中。

上界如此，下界亦然

赫密士・崔斯圖墨（Hermes Trismegistus）是一名古埃及哲學家，他寫道：「下界事物與上界相同，而上界事物也與下界相同。」這段話被概述為「上界如此，下界亦然。」

試想，腦波的頻譜為「下」。腦波是大腦產生的電磁流，可以藉由腦電圖進行測量，這些電磁流的頻譜介於四到六十赫茲之間。赫茲指的是每秒循環的次數。一秒循環一次是一赫茲，一秒循環一百次是一百赫茲。第一個人類腦電圖紀錄由漢斯・伯格（Hans Berger）於一九二四年取得。

現在我們來想一想「上」。電離層從距離地表約四十英里處開始，內含由太陽風所造成的帶負電和帶正電離子。在地表和電離層之間是一個電磁腔，經常在腔中形成的閃電會產生電磁流，在電離層邊緣和地表之間彈跳，它們的頻譜介於大約四到六十赫茲之間。這些波稱作「舒曼共振」。

人類腦電圖和舒曼共振佔據著電磁波譜的類似部分。如同許多巧合，這兩個頻譜的相似性意味著兩者之間有某種連結，只是我們還不知道那是什麼。或許是因為我們的心是在舒曼頻率下演化，而與周遭環境共振。

兩種波譜的相似性之中，存在著另一個有趣的巧合：當人腦在冥想時刻、放鬆狀態和創造的狀態，以及睡與醒之間的過渡階段，腦電圖頻率大約都介於四至八赫茲。在這些狀態下，我們的心靈往往只與日常現實維持著薄弱的連結，可以說，這時我們「飄浮在空中」。

舒曼共振的基本頻率為七點八三赫茲，這是它的週期波形的最低頻率，而這個基本頻率的波長等於地球的周長。因此，舒曼共振的基本頻率落入了人類大腦冥想、創造和放鬆狀態的範圍內——這只是個巧合嗎？[21]

我不這麼認為。我認為，這些是我們的心如何在心靈層運作的線索。

日常生活中的證據

個別的心靈是更大心靈的一部分，證據就在眼前。我們只需看看日常生活周遭人和事物的互動就知道了。如果運氣夠好，周遭會有人讓我們能夠平靜下來，或讓我們變得激動，他們對我們所說的話和做的事無不影響到我們內在的心靈運作。這些外部心靈變成了我們內在心靈的一部分。

當我們失去了某個重要的人，我們感受到的悲傷不僅影響到大腦的功能，也影響到我們的自我認同，這代表我們的大腦神經迴路不再受到那個人的現實經驗的刺激。然而就像幻肢一樣，大腦試圖表現得彷彿那個人還在；心因此失去了它一部分的未來。

科技大量介入人類的心智，已經取代了心智本身的記憶功能。我們不再記憶電話號碼，也不需要用紙質地圖來弄清楚地理方向，種種訊息潛在地流過了每個與手機和網路連結的心智，其負載遠超過以往任何一個心智與外部訊息流之間的互動。數量與日俱增的「心—媒體」巧合，代表了人類心智在某程度上變成了巨大網路連線中的節點。[22]我們很習慣從網路上獲取訊息，這件事越來越清楚地顯示：大腦不再能被視為心的界限。

先前描述過，某些經歷過巧合的人，會致力於將巧合給理論化，並持續耕耘這個領域的研究，試圖揭露各種造成巧合的解釋。而如同那些思索「共時性」和「意外之幸」的人，他們傾向於假定每個巧合都有著相同的解釋，而非來自於諸多促成的因素，只是以其中一或兩個因素佔主導地位。

「心靈層理論」為發生機率極低的巧合提供了部分的解釋，因為這些巧合很難用一種普遍被接受的方式來說明。下一章，我將提出六個無法以傳統方式解釋的巧合，顯示出我們正要開始探索的領域——心靈層。不過，以下涉及太陽和月亮的第六個巧合，似乎超出了心靈層的解釋範圍。

第十三章　六個令人困惑的案例

我勾勒過各種可能的巧合解釋。如同前文提到的，這些可能性光譜的另一端是機率和上帝。然而，它們不必然相互排斥，儘管每種可能性的提議者往往會將它們概念化為一種對立的極端。

在我看來，所有的巧合都有一個當下往往難以估算的可能性，但這是人心相當擅長的事。有些巧合可以用傳統科學用語來解釋，例如眼睛的掃視和解決衝突的需求，而有些巧合則可以用超覺加以解釋，只是我們還不知道超覺究竟如何運作。（直到一七〇〇年代我們才知道磁力的運作方式，而目前的理論倚賴量子電動力學，但仍有待提供完整的解釋。[1]）我相信，未來的研究者將提供包含「心靈層」在內的超覺解釋。許多巧合包裹著神秘或被神秘包圍，它們的起因可以是任何人偏好的看法。

在本章中，我們將檢視六個令人困惑的巧合，它們是超覺現象不足以解釋的案例，無論是心靈感應、超感視覺、預知或心靈致動。這類故事彰顯了某些尚未被發現的現實層面，這些巧合的發生介於未知與已知之間，說明了巧合研究如何能拓展人們對於現實運作方式的了解。

我之所以挑選這六個發生機率極低的巧合，是因為它們已被證實，或者可以證實。其中三個案例在報紙、《美國科學》（*Scientific American*）雜誌和YouTube的大眾媒體中都被講述過，而另兩個是當事人直接告訴我的體驗。第六個可以被公眾證實。在敘述完每個故事之後，我會指出構成該巧合的兩個事件，以及點出涉及的關鍵決定和前置因素，接著再分析這個巧合。

發燙的肺

二〇一九年三月十日，我收到以下這封來自一位心理治療師（她也是共時性題材的一名製片）的電子郵件，她寫道：我造訪了一位當時在州外的朋友，我們在一家書店閒逛。突然間，我感覺到書架上有一本書似乎在呼喚我，那是艾爾頓．泰勒（Eldon Taylor）寫的《心的規劃》（*Mind Programming*），於是我買下了那本書。

隔天搭飛機回家途中，我翻閱這本書後半段的某一章，還未詳讀，我就放下了書，因為我已經獲得我所需要的訊息。作者在那一章講述了一個故事，說他妻子碰巧在麥片盒上讀到一則訊息，描述了一種「肺在發燙」的感覺，並說明這可能是心臟病發作的徵兆，而作者曾在幾週內斷斷續續經歷過這些症狀。這個麥片盒上所描述的症狀和他實際經歷構成的巧合，促使作者在幾天後趕緊去看醫生，最後，這項訊息救了他一命。

下了飛機之後，我父親開車到機場接我。他抱怨著他的肺好像「在發燙」，他說可能是丹佛（Denver）的空氣污染導致，他人沒事，但請我換手開車。我聯想到在那本書中，我剛讀過這個症狀可能代表了心臟病正在發作，於是我堅持帶父親去醫院急診。我火速開車到最近的醫院，讓醫生做了檢測，確實發現我父親正是心臟病發作！必須立即接受心臟開刀手術。

事後，我得知我父親原本可能撐不過開車回科泉市（Colorado Springs）的路程，因為當時他的右動脈阻塞已經達到百分之九十九，倘若我沒有遵從一個簡單的直覺拿起那本書，就不會知道我父親可能是心臟病發作了。

構成這個巧合的兩個事件，分別是讀到一本提及「發燙的肺是心臟病症狀」的書，以及聽到他父親抱怨「他的肺在發燙」。這位製片人遵從了衝動買下這本書，這是個關鍵性的決定，然後在直覺地知道她已經得到所需訊息時停止了閱讀。

本案例的前置因素涉及了案主的父親需要接受心臟手術，以及她對父親的愛——

強烈的情緒。這裡涉及的生活壓力源包括一位家庭成員的健康狀態變化和非常低度的休假壓力源。（如前所述，休假可以視為一種壓力源，因為它改變了日常慣例。）

與我分享故事的這位女士，將這個巧合歸因於「宇宙」。她相信宇宙不停地對我們說話、給予我們指引和回饋，只要我們願意聆聽。「發燙的肺」並非一個眾所周知的心臟病症狀，她見到父親的一個小時之前才讀到這個訊息，她感覺當時宇宙提供了她明確的方向。

雖然她覺得有自身之外的某種智能在引導她，但我認為她是隔著一段距離，下意識地覺察到父親的危難（同時感應）。當她翻開那本書，她知道她已經得到了符合她父親狀況的訊息。無意間在對的時間發現了對的書，這屬於人體GPS的例子。至少有兩種超覺能力——潛意識的同時感應和潛意識的人體GPS——幫助了她找到這本書，當然她可能也獲得了自身之外的某個智能的協助；畢竟，天助自助者。

法國全球定位系統

哲學家莎朗・休伊特・羅利特在她的《巧合的源頭與意義》一書中講述了以下的巧合：

二〇一五年某個週末，莎朗和幾位大學友人在賓夕法尼亞州度假，她突然想起了已經與她失聯的前未婚夫，當時，這未婚夫住在他們曾共度時光的法國。這位前未婚夫和法國在她心中揮之不去，她承認，「我和〔現任〕丈夫的爭吵愈演愈烈，因為我對法國念念不忘，還有那段與前未婚夫的不了情。」

她和朋友在尋找超市以採購晚餐食物時，負責開車的朋友掏出了手機遞給莎朗。莎朗問SIRI：最近的雜貨店在哪？手機迅速列出附近的雜物店清單。不料，當莎朗用「地圖功能」找尋最近的商店，手機顯示的商店竟然全都標示出"E.Leclerc"——那是一間法國連鎖超市的名字。

這些店的地址中，其中一間位於卡賴（Carhaix）這個城鎮，卡賴位於法國不列塔尼西部地區。怪的是，她的友人從未使用手機在法國導航。後來莎朗讀到前未婚夫的個人臉書，發現他在同一天曾來到距離卡賴不到兩英里的地方。就這樣，「法國全球定位系統事件」開啟了持續一個月的諸多巧合，最終促成她與前未婚夫碰上了面並進行一番懇談，讓她對他的感情找到了出口，得以對舊情釋懷，最終重新與現任丈夫親近和好。[2]

這個案件中，構成主要巧合的兩個事件，分別是手機在賓州卻定位到法國城鎮，以及莎朗的前未婚夫在臉書中透露，當天曾來到這個被定位的法國城鎮。本案中的關鍵性決定是，為了找雜貨店購物並開啟地圖搜索的是莎朗，而非另一位大學友人。前置因素是莎朗需要解決掉舊情的羈絆。生活壓力源則是她一直以來與丈夫的爭吵，還有去度假；強烈的情緒則來自她風波不斷的婚姻，以及她對法國的強烈懷念。

莎朗．羅利特將這個巧合中的幾個低可能性，歸因於她與法國前未婚夫之間的超自然連結。因為前未婚夫在臉書中說，他在同一天曾來到這個法國城鎮附近，而且這個城鎮竟然被「錯誤」地定位在賓州，這促使了羅利特鼓起勇氣去連繫他。羅利特相信友人的手機以心靈致動的方式，回應了她對前未婚夫的強烈思念。

在某次的私下溝通中，羅利特解釋：「就像在普林斯頓工學院異常現象研究（PEAR）的實驗顯示，關係密切的兩人所產生的心靈致動效應是單一者的七倍，[3]我認為本例中的心靈致動結合了我想與我前未婚夫連繫，以及他也想與我連繫的渴望——有點像閃電兩端的電荷找到了使之中和最直接的辦法。」[4]這個閃電的比喻說明了我們在找尋的東西，往往也在找尋我們。

機器有時似乎會回應人的心靈，但這種反應的特異性需要進一步的解釋。如同許多巧合所指出的，人們與他們的機器連結的程度，比我們目前所了解的更為緊密。人心與網路之間數量越來越多的巧合，已經不只是投放廣告者在鎖定觀看者的偏好。

羅利特又說：「但是，巧合使我想到可能有某個尚未被辨認出來的「有意識存在」，他知道我們每個人的人生計畫或命運，也知道這種特殊的交流對我們每個人而言都極其重要。因為，這促使我去研究並寫出這部關於巧合的重要書籍，我相信這是我人生使命的一部分，並在往後引導我找到其他重要的連結，包括現在正將我拉回法國的連結。」[5]

對我來說，我不相信有某個有意識的存在正引導著我們，我認為，他們兩個人是透過「心靈層」連結在一起，他們的意圖催化出他們對某個解決之道的需求。古希臘人認為阿波羅和他的馬車拉著太陽橫越天空——一個有意識的存在對著世界起作用。後來的觀察證實了太陽雖然看似在移動，其實是因為地球在自己的軸心上自轉。身為精神病學家，我更傾向找尋某種機制，而非某種智能，因此，透過心靈層與相容的形態產生共鳴，變成一個可供選擇的解釋。

話雖如此，這個案例依舊牽涉到神秘的事物。我尊重莎朗・羅利特的感覺，她覺得在她的正常自我之外，有某種智能影響了這個非常有意義的巧合。如同「發燙的肺」故事，這個巧合促使我們去探索意識的更深處。

氣球

蘿拉．巴克斯頓（Laura Buxton）的氣球故事是最典型的「有意義巧合」之一。這個故事出現在幾份記錄中[6,7]，以及全國公共廣播電台的「廣播實驗室」（RadioLab）節目，節目中訪談了相關的女孩，並分析該事件。[8]

二〇〇一年六月，英國斯塔福郡（Staffordshire）十歲大的蘿拉參加了祖母的金婚週年慶，會場中蘿拉表現得很孤單，她一直很缺朋友。她祖母建議她，不妨將自己的地址寫在一張貼紙上，並附上「請回信給蘿拉．巴克斯頓」的訊息，然後把貼紙貼到一顆用來布置週年慶活動的氦氣球上，讓訊息隨著氣球放送出去，搞不好能找到投緣的筆友。

氣球一口氣飄到了約一百四十英里外的威爾特郡，農場主人利爾伯恩（Milton Lilbourne）在用來分隔鄰居牧草地的圍籬中撿到了這顆氣球。他看到氣球上寫著「蘿拉．巴克斯頓」這個名字，以為這是他鄰居女兒的名字，他因此將氣球拿去給她。

是的，這位同名同姓、住在威爾特郡的蘿拉．巴克斯頓，也是個十歲大的女孩，她看到氣球上的名字感到非常驚喜，立刻寫信給斯塔福郡的蘿拉．巴克斯頓。雙方家長都覺得這件事太巧了，立刻安排兩個女孩見面。沒想到，兩人見面時都身穿著相似的服裝，並發現彼此有三隻相似的寵物，包括三歲大的黑色拉布拉多犬。

這兩個女孩最終結為密友。

在這個個案中，構成主要巧合的兩個事件，分別是祖母施放了一顆附上訊息的氦氣球，以及一百四十英里外的某個男子發現了這顆氣球，並將它交給鄰居的女兒，誤以為貼紙上是她的名字。

雙方家長都認為兩個女孩應該碰面，這是關鍵性的決定。如果沒有這項決定，這個巧合不會發生。

前置因素包括這兩個女孩件格都有些孤僻，很需要朋友；還有生活壓力源，包括結婚週年慶，以及另一個蘿拉和她的家人當時生病了。結婚週年慶和祖母對孫女的愛，造成了強烈的情緒。

那麼，這個巧合的成因為何？一陣「幸運的風」？物以類聚？由於這個故事被詳細地記錄下來，統計學家設法利用鐘型曲線來解釋這個發生機率極低的事件——這是個位於曲線末段的事件。換言之，雖罕見但仍屬可能。即便當天刮著強風，氣球如何能順利飄向一百四十英里外的另一個蘿拉？這顆氣球如何能長時間滯留在空中而完整無損？

對兩個女孩而言，該事件滿足了她們各自的願望，也實現了一位祖母的意圖。兩個女孩之間發生了非常奇特的事，這是現代科學至今無法解釋的神秘現象。

我認為是「心靈層」再次促成了此事。前置因素開啟了兩個女孩在心靈層中的連結，引導氣球去滿足她們的需求。但為什麼是這兩個女孩？在我們尚未了解的某些條件下，巧合開啟了途徑並並引導事物和人們到達彼此能夠發揮影響力的地方。兩個女孩找到了彼此，就是說明「你在找尋的東西，可能也在尋找你」的另一實例。這個巧合提供了測描繪心靈層地圖，以及心靈層如何運作的另一個線索。

沉默的收音機

麥可・謝爾默（Michael Shermer）是美國一位科學作家，也是「懷疑論者協會」（The Skeptics Society）創辦人及旗下雜誌《懷疑論者》（*Skeptic*）的總編輯。他不太相信所謂的偽科學和超自然主張，然而，他在二〇一四年十月為訴求主流科學的《美國科學》雜誌所撰寫的一篇文章中，勉強算是出了櫃。「我正好見證了一個非常神秘的事件，使我的懷疑論產生了動搖。」他寫道。[9]

謝爾默即將與來自德國科隆的珍妮佛（Jennifer Graf）結婚。珍妮佛由母親單獨撫養長大，而她的外公瓦爾特是她成長過程中，像父親一樣最親近的人，但在她十六歲時就過世了。瓦爾特有一台生產於一九七八年的飛利浦電晶體收音機，這是珍妮佛收藏的外公遺物之一。麥可為討珍妮佛的歡心，曾試著修復這台老式收音機，想讓它在靜默幾十年後重新發聲。可惜沒有成功，他把這台收音機收納在臥室書桌的抽屜裡。

謝爾默和珍妮佛於二〇一四年六月在謝爾默的家中結婚。在這個值得慶祝的婚禮上，珍妮佛與家人、朋友和故鄉相距九千公里，她為此感到非常孤單。她曾希望由外公在婚禮上將她的手交給新郎。

奇怪的事發生了，當婚禮即將開始時，他們突然聽見臥室裡播放著音樂。他們循聲來到臥室的書桌前，當珍妮佛一把拉開抽屜，竟發現外公的老收音機正在播放著一首情歌！「我外公在這裡陪著我們，」珍妮佛熱淚盈框，「我並不孤單。」

當晚，他們聽著瓦爾特收音機播放的音樂入睡，然而，隔天這台收音機就完全罷工了，從此繼續保持沉默。

兩個事件構成了主要的巧合，其一涉及心：珍妮佛希望已故的外公出席她的婚禮。另一個事件則涉及物：外公那台沉默的收音機，在婚禮即將開始前突然播放起浪漫的音樂。

關鍵性的決定，是謝爾默試圖修復這台收音機，卻未能成功。前置因素是珍妮佛希望外公在場的需求，而生活壓力源是婚禮本身。最後，強烈的情緒來自珍妮佛對外公的愛，以及婚禮場合令人激動。

是什麼喚醒了那台休眠的收音機？是房子裡的活動所造成的濕度、溫度或振動變化？我們實在很難用傳統解釋來說明事件發生的時機為何這麼湊巧：它就發生在婚禮開始之前。

謝爾默對這個巧合的第一個分析值得一提：「倘若這件事發生在別人的身上，」他寫道，「我可能會用偶然的電氣異常和大數法則（他指的是真正大數法則）來解釋——數十億人每天有數十億個經驗，肯定會發生一些在時機和意義上引人注意的極不可能事件。無論如何，這類軼事並不構成死者還活著，或者死者能透過電子設備與我們溝通的科學證據……但是，這些喚起深刻情感的事件，讓珍妮佛明顯感覺到她的外公就在那裡，還有，收音機播放的音樂，正是他表達贊成的禮物。」[10]

在謝爾默二〇一八年的著作《地球上的天堂：用科學方法探尋來世、不死和烏托邦》（*Heavens on Earth: The Scientific Search for the Afterlife, Immortality, and Utopia*）一書中，他提供了另一個解釋。這回他求助於科幻電影《星際效應》的情節。片中主角穿越蟲洞，藉由透過另一維度門戶的溝通拯救了人類。

回到這個案例，用通往另一維度的蟲洞來說明一首及時出現的情歌，可能是個奇怪的解釋，但謝爾默表示，那至少是奠基於傳統公認的科學。或許瓦爾特外公就存在於另一個維度，在那裡，他能同時看見珍妮佛一生中的每個時刻，並利用重力波從某個蟲洞打開他的舊收音機？[11]

我想探究這位經歷巧合者珍妮佛，她所涉及的因果關係機制和心靈層面。或許，她的需求以心靈致動的方式啟動了休眠的收音機，而如同前文關於法國地圖定位的故事，或許那台收音機對專注的人類能量也起了反應。

我認為珍妮佛當下對公外的強烈渴求，活化了假設中貯存在「心靈層」裡她外公的「標記振動」（signature vibration），因為那是他的收音機。（標記振動是每個生物基本的個體振動，就像指紋一樣）。又或許，謝爾默和我的推論都是對的——她外公的靈魂在最恰當的時刻，以某種方式啟動了收音機。

由此可見，共時性還有更多神秘之處有待探索。

地球巧合控制辦公室

亞當・托姆布雷（Adam Trombly）是國際知名的物理學、大氣動力學、地球物理學、旋轉和共振電磁系統，以及全球環境建模領域的專家。一九九〇年代初期，托姆布雷罹患了第四期神經母細胞瘤癌。就醫療的說法，神經母細胞瘤發展自身體幾個部分的不成熟神經細胞，包括腎上腺。這個巧合在一九九一年發生時，托姆布雷正在拜訪神經科學家和心靈航行者（psychonaut）利立（John Lilly），而托姆布雷在十四年後的某次訪談中，描述了那天發生的事。[12]

那時，托姆布雷接到他十三歲女兒打來的電話，在他通電話時，利立正在隔壁的房間進行冥想。當利立結束冥想，他走出來對托姆布雷說：「ECCO說你會康復。你有太多的工作要做。」ECCO是利立對「地球巧合控制辦公室」（Earth Coincidence Control Office）這個組織的簡稱。

約一個小時後，托姆布雷獨自待在利立的家，門鈴響了。一位醫師向托姆布雷自我介紹，說他在冥想時有個聲音請他來這裡，並帶上醫療包，裡面裝著舊版的氯胺酮（俗稱K他命）。這位醫師說，他以前從未來過利立的家，接著，他迅速為托姆布雷注射了氯胺酮。

托姆布雷在訪談中，並沒有說明他為何放心讓一個完全陌生的人為他施打氯胺酮，我猜想，托姆布雷可能以為這位醫生是他朋友利立請來的，也或許是地球巧合控制辦公室派來的。此後，托姆布雷的癌症逐漸獲得緩解，直到幾年後找到了有效的治療方法。

構成主要巧合的事件，是托姆布雷需要幫助，還有那位醫師遵從了一個「聲音」的指示，帶著醫療包來到一棟特定的房子。這是個「心—心巧合」。

會促成托姆布雷去到利立的家，他已罹患第四期癌症是個關鍵的決定。前置因素是：托姆布雷需要接受癌症治療。他的第四期癌症是生活壓力源，他對女兒的愛則是強烈的情緒——托姆布雷和他的女兒經常一起禱告，而愛是最強大的力量。另一種強烈的情緒，則是對死亡的恐懼。

托姆布雷和那位醫生先前顯然不認識。利立提到說，地球巧合控制辦公室告訴他，托姆布雷會活下去，這暗示了地球巧合控制辦公室已經與那位醫師進行了溝通，要他帶著氯胺酮去利立的家。

在巧合的研究中，許多報告提到心靈層中某種有意識、有意圖的存在。[13] 根據約翰·利立的說法，「地球巧合控制辦公室」特別有趣，因為它是宇宙中層級最低的控制辦公室。「有一個叫宇宙巧合控制中心（Cosmic Coincidence Control Center）的組織，當中的一個銀河分所就叫銀河巧合控制（Galactic Coincidence Control），底下有太陽系控制單位（Solar System Control Unit），而太陽系控制單位之中，就有這個『地球巧合控制辦公室』。」這表示，心靈層也是遍及宇宙的一系列訊息意識大氣的一部分。[14]

太陽和月球的大小似乎完全相同

有一個巧合是地球上每個人都看得見的：在我們看來，太陽和月球的大小似乎完全相同。日蝕，也就是當月亮通過地球和太陽之間，戲劇性地證明了它們看似大小相當。但是當然了，它們尺寸不一樣！太陽與月球約相隔九千三百萬英里。太陽體積約為月球的四百倍大，然而因為月球也四百倍地更靠近地球，所以在幾何學上，使它們看起來似乎大小相同。[15] 以代數表示，$400/1 \times 1/400 = 1$。

天文學家說，月球在四十五億年前形成，當時有一個火星大小的物體（或許是一連串較小的物體）落入地球，將地殼碎屑噴射進太空。這些碎屑掉入地球軌道，最終聚合成月球。新生的月球——被岩漿海覆蓋的一顆熔化岩球——比現在約莫十六倍地更靠近地球。如今，月球以每年一點六英寸（四公分）的距離被推離地球。[16]

如果這個月球形成的理論正確，那麼第二個巧合是，月球在許久後到達了目前在天空中的位置，或許是一千六百萬年，在人們觀察它時，看起來就好像和太陽一樣大。[17]這兩個巧合事件是：月球的演化，在時間上剛好配合著人類意識的演化，讓人們能夠注意到太陽和月球的相似性。

一如面對可能性極低的巧合，人們照例會採用他們所偏好的解釋：天文學家支持隨機性，認為在不斷擴張的宇宙中，任何怪事都可能發生。[18]而超心理學和量子力學則沒有提供線索。有些非主流的邊緣主張提出了難以置信的猜測，認為月球是以某種方式被製造出來的。[19]我則相信「太陽—月球」的巧合，是在提醒我們地球上的居民，必須去關注巧合。

心靈層的可能運作方式

上述六個故事提供了對巧合本質的洞察。法國全球定位系統和氣球的故事，暗示了一個潛在原理——某人在找尋的事物，往往也在找尋那個人。這個原理是更積極、更有意圖的「物以類聚」形式。「太陽—月球巧合」則突顯了解決巧合之謎的困難。

上述的五個個人案例都在顯示：某處以某種方式存在著某種事物（某個有意識的存在或某種機制，又或兩者皆是），在涉及需求、生活壓力源和強烈情緒的特定條件下，人們從而能利用某個提供協助的源頭。需求能夠定義和釐清意圖；生活壓力源擴展了日常現實的架構，創造不同可能性出現的機會。還有，強烈的情緒會逼使需求（意圖）進入「心靈層」中。至於心，則在心靈層裡專心一志地探尋它所需的訊息。

我猜想，在這些條件下，心靈會變得比較不受制於大腦，並更密切地接觸它在心靈層中所需的資源。接著，心在大腦和心靈層之間架起橋樑。雖然心擔任大腦與心靈層之間的中介者，但也具備了自身特有的能力，這些能力讓心能將身體能量連結到心靈層中它所需的共鳴形態。接著，這些形態就可以透過心的橋樑，將可付諸行動的想法回饋給大腦，從而促成滿足需求的行為。

心靈作為大腦和心靈層之間的管道，能藉由找尋和活化與心或物相關的共鳴形態，透過心靈層引導身體的能量到其他的心與物身上。

心中的想法如何在心靈層中找到共鳴形態？收音機和電視機能調到特定的頻道；電子郵件、電話和簡訊能找到有意義的接收者，至於承載著情緒的個人需求，其共鳴形態能夠與心靈層中相關的訊息或能量形態配成對，以滿足這個需求。

我這麼想像：個人的能量訊息氣球，代表了每個飄浮在心靈層之中的人心。每顆氣球都連結到個別的心，後者在大腦附近盤旋。如同一般的氣球，它們能夠充氣和洩氣，並在流動起伏的心靈層中翻騰，每個氣球都有一條能量索，將它與受它羈絆的另一半連結在一起。

當兩個人產生情感關係，他們的心靈層氣球便彼此相連。一個充滿能量、振動的四邊形暫時形成，它是由每個受羈絆的心和每個心靈層氣球之間，還有每個個人氣球，以至每個參與者的心之間的能量線所構成。心靈層氣球之間的紐帶所具備的傳導力，與心之間的感應強度成正比。而訊息能在心靈層氣球和心之間流暢地傳遞，儘管它們相隔一段距離。因此，這種安排可以促成同時感應和心靈感應的發生。

我推想，大腦、心和心靈層都是由同一種能量訊息所構成，它們的差異在於密度，如同水有固體、液體和氣體三種密度。而就像每種形態的水都是由水分子所構成，大腦、心和心靈層也是由相同的能量訊息「分子」所構成。

此外，就像固態和液態，以及液態和氣態之間存在著屏障，大腦、心和心靈層之間也有屏障。就水而言，狀態的轉換需要輸入能量，要創造轉換，就需要給予或帶走能量。在這個比喻下，大腦、心和心靈層的能量訊息狀態，也能藉由加入或除去能量來轉換。

在寫到心和身體的關係時，榮格有非常類似的論述：「心靈和身體應該被視為同一種能量的不同顯現，它們的關係應該以這種能量的強度變得更大或更小的觀點來理解。」[20]

大腦作為過濾器

關於心靈層和大腦的關係，有一個解釋認為：大腦是心靈層中能量訊息的過濾器。從精神病學的觀點而言，精神病的發生，有時似乎就是這個過濾器故障了，結果讓多重思想之流進入心中，某種程度上，這導致來自個人無意識和集體無意識的訊息變得太過容易取得。對於一個處於多種意識狀態的人來說，大腦和心靈層之間的過濾器變得更具有滲透性，也就是說，個人無意識可能進入到有意識的意識中。那麼，這種來自心靈層的能量訊息是如何進入大腦，然後又從大腦進入心中？

我尚未從那些探討大腦作為過濾器的著作中看見相應的解釋。在我的印象裡，它們忽略了個別的心靈本身，並視之為「心靈層」既有的一部分。[21]

最後，值得注意的是，無論不可思議的巧合背後原因為何，我身為精神病學家所能證實的是，有時候，巧合對於那些經歷過巧合的人來說，極有用處。

第十四章　巧合的實際應用

關於巧合，我們還有更多的面向有待理解，但可以肯定的是，無論如何解釋，有意義的巧合都能在日常生活中提供心理和精神方面的實用指引，並在科學、技術、組織發展和藝術領域激發創新的成就。

巧合有助於**顯現連結**。本書中「同時感應」和「人體ＧＰＳ」的故事，說明了那些尚未被現代科學承認的人類能力。透過「心靈感應」和「心靈感應印象」而發生的巧合在熟識彼此的人之間最為常見，不只包括家人，還有親密的朋友，這些人之間擁有深刻的情感和身體連結，產生了「心的隧道」。

就像海洋潮汐受到月球的影響，這些能量和訊息通過了隧道，隨著涉入者情緒狀態的變化而起落。我自身的經驗加上朋友和病患的報告，都顯示心靈感應的連結是在有意識的情況下形成的，類似你選擇按下了手機按鈕，打電話或傳簡訊給某個人。

巧合也能**幫助你做決定**。巧合能夠影響許多生活層面的決策：包括關係議題（戀愛、家庭和朋友）、健康問題、就業和財務指引。在「行為改變跨理論模式中的決策」（"Decision Making in the Transtheoretical Model of Behavior Change"）[1] 這篇重要的論文中，作者普羅察斯卡（James O. Prochaska）所描述造成改變的五個階段中，巧合能在決策過程中扮演重要的角色。

這五個階段包括：

- 承認需要做決定
- 蒐集替代方案
- 選擇
- 做決定的時機
- 利用後見之明來確認或質疑某個決定

第一階段是**承認需要做決定**。讓我們以Uber司機瑞秋（Rachel Herron）的故事作例子。

瑞秋在機場載到一名女乘客，她碰巧要去瑞秋男友住的那間公寓。當天稍早，瑞秋的男友開車到機場，說必須搭飛機去探望生病的母親，前天還跟瑞秋共度了一晚。

在車上，這名女乘客興奮地聊起自己正要去找男友，她已經很久沒跟男友見面了。瑞秋心有戚戚，同時想到自己的男友今早已經遠行，歸期未定。當車子駛近了那座公寓，瑞秋聊起自己的男友也住這裡。突然間，瑞秋在大樓外看見了男友的車，她的心猛然一沉。接著女乘客說：「就是這裡了，那是我男友的車！」瑞秋瞬間怒火中燒。

瑞秋的男友正走出公寓，要幫這名女乘客拿行李。瑞秋生氣地衝下車要教訓男友，三人爆發了嚴重衝突。最後，心痛的瑞秋回到車上，而女乘客還不停地踹她的車。瑞秋載著女乘客的行李揚長而去，她用「順便一提，我現在單身了。」來結束這個故事。[2]

這個巧合顯然促使了瑞秋承認她需要做決定，她竟然載到男友劈腿的對象！以這種方式得知男友劈腿，多麼出人意料！

做決定過程的第二階段，是**蒐集替代方案**。從眾多選項中做選擇時，巧合能提供新的、甚至更好的選項。

我曾從夏綠蒂市遠端與香港病患維吉妮亞（Virginia）進行精神治療。談話間，維吉妮亞突然變得激動不已，但我沒有特別關切這件事。後來，她家人帶她去看了一位香港當地的精神科醫師，那位醫師開給她低劑量的阿立哌唑（aripiprazole），迅速平撫了她的激動情緒。當時，我已經好幾年沒有開過這種藥物了，也從沒考慮過用這種藥物來治療病患。隔週，我的另一位病人透露說，她偶爾會產生持續性的激動，是否需要開立新藥？我想起維吉妮亞，便試著開給她低劑量的阿立哌唑，結果成效很好。

在這個案例中，如果不是我的香港病人維吉妮亞才剛受惠於這種藥物，我根本不可能想到這個替代方案。

做決定過程的第三階段是**選擇**。

一九五〇年代，某天，榮格的好友、同時是一名化學教授的菲耳茲，按約定好的時間下午五點來拜訪榮格，目的是討論最近過世的某科學家手稿是否應該出版。榮格對此一直持反對意見，討論越來越激烈，榮格開始不耐煩地頻頻看錶，顯然希望可以結束談話了。

他抬起頭問：「你什麼時候到的？」

菲耳茲回答：「五點啊，按照我們約定的時間。」

榮格說：「是嗎？真奇怪。我的錶今早才從錶匠那兒送修回來，而且徹底經過校正，現在顯示五點五分，但你待在這裡必定遠超過五分鐘了。你的錶現在幾點？」

「五點三十五分。」菲耳茲說。

榮格於是說：「所以你的時間是對的，我的是錯的。好吧，我們再來討論一下剛剛的事。」這回，菲耳茲成功說服了榮格應該出版那本手稿。榮格將這個共時性的巧合解讀為：不正確的時間代表了他對出版事宜的判斷也是不正確的。[3]

做決定過程的第四階段是**做決定的時機**。巧合可能在對的時間突然出現，進而促成了某個決定。我的研究計畫收到了一名女子的巧合故事：

> 上週末我在等紅燈，正當燈號轉綠，我的手機突然響了。我低頭接起電話，然後慢了一拍緩緩駛入前方的路口。當我抬起頭，我看見一輛卡車闖紅燈穿越過了十字路口！如果我在燈號一變換時就起動車子，一定會被那輛卡車給撞個正著！這是一個很有意義的巧合，因為那通電話是我哥打來的，我已經好幾個月沒和他說話了，而從小到大，他都是我的保護者。」

她哥哥的及時來電，再一次幸運地解救她免於危難。

巧合能促進一個決定性的行動，即便這個行動在當下看似不那麼必要。達娜（Dana Nelson-Isaacs）跟她的丈夫斯凱描述了以下故事，收錄在凱斯的著作《躍向完整》（*Leap to Wholeness*）一書中。

「有陣子我持續接到來路不明的電話，對方自稱是電信公司的人，而且威脅著要停話，如果我們不回電回報敏感的個人資料。我懷疑這是詐騙，就將電話掛了，直接打給電信公司。由於電話號碼相同，我一度以為剛才的電話或許是合法的。經過漫長的等待，我聯絡上辦事員，沒想到，他證實我接到的真是詐騙電話，並解釋說，犯罪者盜用了他們的電話號碼。我很高興自己沒有上當，正要掛斷電話時，突然直覺地想趁機查詢一下這期的通話費用。對方查詢了一下，結果發現我們的號碼在下星期一真的預定要被停話！原來，我們設定的銀行轉帳意外地未足額支付，而且我們錯過了電信公司發來的警告通知。這些騙子的行徑竟然反而幫助了我們！」[4]

這個案例中，達娜遵從直覺順便詢問了通話費用，結果幫了自己一個忙。做決定過程的第五階段是**後見之明**。巧合在事後回顧時，可能會證實或質疑某個決定。一首喜歡的歌曲在對的時機播放，似乎能**證實**最近的某個決定是正確的。在我的研究計畫中，有個案例是這樣的：

「我祖母過世後，我從葬禮上和男友開車回家。正當我們下車時，我和祖母共同喜歡的歌突然間被收音機大聲地播放了出來！我相信這是祖母在告訴我，她也喜歡我的男友。這對我來說意義重大，因為我祖母深知我爸媽並不喜歡我的交往對象。」

這首歌的適時出現，讓她更相信她和男友的感情受到支持。她或許一直在找尋某種證明，當然也可能一無所獲。她的父母或許是對的，或許不是，但她從祖母的死亡和那首共同喜歡的歌曲中，得到了她想要的東西。

巧合也可能提供一個機會，讓人質疑自己的決定。某位治療師朋友告訴我這個故事：

一名四十四歲的女子向友人表示，她堅決認為川普（Donald Trump）應該重新被選為總統。她「知道」新冠病毒是騙人的把戲，而戴口罩侵犯了她的個人自由！她滔滔不覺講個不停，還一再打斷想插嘴的朋友。這時，她收到一則簡訊，要她打電話給她母親居住的養老院，因為她母親罹患了新冠肺炎，病情非常嚴重。這名女子既驚嚇又尷尬，她告訴朋友這個消息，並開始質疑起自己對川普的支持。

除了有助於做決定，巧合也提供了許多有用的可能性。

巧合能**帶來某人所需要的東西**，它們可能是愛神邱比特的箭。有個案例是這樣的：某人正穿過一個擁擠喧鬧的房間，不知怎的，他知道角落那位陌生人的笑聲將在未來再次迴響在他的身邊，一段新的友誼可能以最古怪的方式形成。此外，人們可能透過一連串陰錯陽差的巧合，與錯過的愛人或走失的寵物重逢。或者，你所需要的幫助，可能會透過突然發生的巧合出現，例如從迫在眉睫的危險或從絕望中現身的拯救者，巧合可能帶來某個你很需要的東西——幫助、金錢和物品。

我們的研究計畫收到過這麼一個故事。

> 「幾年前，我在一個偏鄉家庭當保姆。午飯時，我偶然掀開了後窗的門簾，看見遠處牧草地上有個男人正駕駛著一架拉犁的牽引機工作。我瞥見他的瞬間，那輛老牽引機座位的彈簧突然發生了故障，害得那個男人從座位上跌了下來，而且他的身體還被牽引機的後輪狠狠輾過。接著，牽引機繼續行駛，

那男人在犁刀下受了重傷。倘若當時我沒有掀開門簾看見那個男人，他就死定了，因為這裡可說是荒郊野外！那人後來說，沒有人知道他在牧地工作，當時他的兩個肺都被刺穿充血，他根本無法呼救。再說，他也走不了路，因為他的雙腿被機器碾斷了，情況非常危急。我立刻打電話給九一一，然後跑過去幫助他。倘若我沒有碰巧看見這一幕，我想他必死無疑。」

巧合也**為好奇者提供了回報**。生活中，各種想法在我們周遭打轉，網路上豐富的資訊提供了大量的巧合。當你想到某個點子，它隨即出現在螢幕上，當然，這或許是演算法的作為，其他的網路巧合則遵循著比較不明顯的程式設計。不過除了網路，我們也透過其他的媒體獲取資訊，包括書籍、廣播節目、電視、電影和其他人。意外之幸的「超級偶遇者」會從各種形式的媒體上（有時在最古怪的地方），發現有趣和有價值的資訊。

有一回，我正在思索關於「人體ＧＰＳ」的概念，需要援引生物學的基礎知識來做解釋，迷茫之餘我暫且放下了寫作，去瀏覽線上的《紐約時報》。一打開網頁，首頁某個大標題清楚寫著「ＧＰＳ」。那篇報導說，研究人員已經確定老鼠腦中海馬回附近的「格狀細胞」位置，這些細胞提供老鼠曾去過之處的神經地圖。人類和老鼠一樣不停在建立自己的領域地圖……我發現，這篇報導為人體GPS提供了以大腦為基礎的解釋。[5]

巧合也能提供**心理改變的助力**。以下是一個案例：

一名六十五歲男子一直有個習慣：凡事儘往壞處想。如果事情有出錯的可能，他馬上就聯想到最壞的結果，而且不可自拔。他的心被各種想像出來的可怕事物給佔據。在接受我的治療時，他承認他需要保持憂慮，因為他相信他的憂慮感會讓壞事無從發生。他不是向上帝祈禱，而是向某個無名天使祈禱，他認為這位天使要求他心懷憂慮，來作為一種膜拜方式。不過，在大聲說出對這位天使的信仰時，他得以清楚地省視自己的迷信心態，並開始質疑自己的作法。

幾天後，他媳婦生了第二胎，嬰兒的膽紅素過高，需要回醫院診治。他雖然心有疑慮，擔心治療失敗，但他也知道這個結果可能是正面的，因為她女兒出生時同樣也是膽紅素過高，但經過光照治療後就成功的痊癒了。最後，他選擇了帶嬰兒回醫院就醫。

他孫子的膽紅素過高成為一個意外的機會，讓他認清了他毋需憂慮，他所信仰的無名天使根本不存在，而且過去發生的結果是好的。所以，這個巧合讓他去實踐了他的改變。

環境中的事件，往往能作為同理的鏡子。別人的現實生活戲碼，能反映出你自身的心理問題和解決之道；而你在別人身上所不樂見的缺點，也能反映出自己不被喜歡的缺點。你給予朋友的建議，可能正是你這個建議者自己需要傾聽的意見。很多時候，我們所觀看和閱讀的電影、戲劇和小說，都能夠反映我們的心理問題和解決之道。

巧合能作為一種**心靈發展的助力**。人類渴望成為更宏大事物的一部分，在我們內心，我們或許清楚情況如此，卻不知道是如何辦到的。許多方法被設計用來昇華心靈，讓我們得以超越感官現實，進入另一個經驗領域，包括多種形式的冥想、服用迷幻藥、禁食、團體儀式、追尋願景、瀕死經驗、音樂和瑜伽。

「巧合意識」是透過日常生活中自動出現的「有意義巧合」而產生，而非一如多數靈修方式所要求的那樣，刻意將人們從日常事件中抽離。巧合意識讓人們得以深刻地沉浸於目前生活和生活之外的體驗。對某些人而言，有意義的巧合變成一種小小的神秘經驗，他們所知道的現實融入了短暫相融的心和環境之中，在精神上帶來一種與世上萬物合而為一的感覺。他們也許發現自己在湖畔或雨中的森林唱歌，當雨勢趨緩，陽光透空而出，如聚光燈般暫時照耀著不那麼孤獨的演出，這時他們登上永恆的舞台。

好比說，當某個已故者最喜歡的花朵在冬天綻放時，會讓許多極度悲傷的人感到驚奇和安慰。在關於共時性與悲傷的博士論文中，希爾（Jennifer Hill）描述了一個故事：他的祖父過世後的某天，由他祖父手種的一株梔子花突然在十一月開了花，這種不在預期中的生長，神奇地療癒了她那悲傷不已的祖母。因為這株梔子花，是祖父生前最喜歡的花。[6]

我的一位朋友是一個悲傷的母親，她的孩子在五歲時過世。葬禮過後不久，她到戶外吃早午餐，一隻小鳥突然停留在她的胸部，待了約三十分鐘之久，同時不斷張望、啁啾和注視著她。她最終發出噓聲趕走了那隻鳥，隨著揮手的動作，她開始放下她的孩子。

這些事件使人們進一步承認，我們參與了一個更廣大的存在，這個存在遠大於傳統現實的框架。

巧合能**為超凡的人類能力提供線索**。超覺能力在宗教發展的歷史中被詳細記載[7]，而且其存在得到了可信的實驗證實，[8]儘管傳統科學持續予以否認。任何人都可以否認他們不願相信的資料，或否認別人的經驗所暗示的東西，然而個人經驗（無論是同時感應、人體GPS或預知事物）使得超覺現象很難被忽視。

最後，巧合可能比我們所知的更常見！「微小的意外之幸」會在日常生活中定期地發生，只是沒有被辨認出來。在充滿這麼多計畫、控制，以及假定合理性的這個世界，意外之幸可能在我們未曾覺察的情況下，構成了生活中不可或缺的一部分。

我認為，遭遇到有趣和有用的事物，對於我們如何認知這個世界，扮演著關鍵性角色。[9]我的一位病人對於是否繼續和他的前雇主打官司感到猶豫。因為某個原因，他遍尋書中關於愛爾蘭民間智慧的記載，然後發現了以下有用的格言：「要當心一個病人的憤怒。」以及，「在準備好咬人之前，別露出你的牙齒。」有些讀者認為這些話很管用。你也是這麼想嗎？

用巧合鍛鍊你的心

如果你能更密切地關注巧合的發生，就能夠鍛鍊內心，這種鍛鍊有益於心智發展，就像運動有益於身體。[10]

巧合如何鍛鍊我們的心？思索巧合就像在凝望某件未知的事物，或設法解開一個謎。「我想知道這件事有什麼意義？」納悶會導致好奇，從而驅使人們去尋求解決之道。巧合就像一個謎題，促使人們思索自身及關係如何運作，進而質疑我們對於現實運作方式的固定看法。

打從出生的那天起，好奇心便產生一種動力，驅使我們探索未知的領域、找尋答案和解決之道。巧合使我們察覺到某些神秘事物，而我們所想出的解決辦法會引發快樂的感覺，多巴胺在腦中噴發，助長了更多因好奇而引發的冒險活動。

好奇幫助人類存活下來。這種想探索和尋找新奇事物的衝動，提高了我們的警覺心，也增進我們對於不斷改變的環境的認識。

好奇的人會更快樂。研究顯示，好奇心與較高程度的正向情緒、較低程度的焦慮、對生活感到滿意及心理健全有關。或許，是因為比較快樂的人會比較容易好奇。好奇心也能提升成就。好奇心能促使學生在學校更快樂、更願意參與活動，學業成績更好，以及在職場中更願意學習、投入和更有工作績效。好奇使我們將注意力朝向別人，從而擴大了同理心。藉由限制個人投射和維持中立，我們可以乘著充滿能量的注意力光束，進入別人的心中旅行。[11]

但是，好奇也有不利之處。俗話說「好奇殺死貓」，這警告我們避免不必要的調查和實驗。那隻貓去到了一個牠不該去的地方，進入黑暗的巷子，只為看看那裡有些什麼，這可能是件危險的事。同理，當你太過深入探究別人的生活，有可能揭露出某些最好別被掀開的事實。不過，對於不確定性深感不安，以及亟需找到平撫不安的辦法，往往也會激發我們的好奇心。

當然，對於巧合的過度好奇，也可能會變成一種偏執，讓我們無法過上一種彈性自由、充滿變化的生活。巧合可能像網路上引誘人去點擊的東西，將人騙進一個充滿混亂和不當事物的兔子洞。

巧合強化了自我觀察者。大多數人都能觀察自我的想法和感覺，在心中思考事件。「自我觀察者」是我們內心負責自我意識的器官，[12]它能掃描個人的過去、現在和未來。自我觀察者能將情緒、直覺、想法和意象與環境中的事件連結起來，包括他人心中的事件和想法。自我觀察包含了主要聚焦於想法的後設認知（meta-cognition）。

自我觀察者能以幾種方式得到強化。例如，寫日記能夠給予心靈遠離它自身活動的餘裕。記錄個人的想法和感覺，能使人客觀地看待自己。又例如，冥想是拉開與心的「距離」，以及提供觀察心靈運作能力的另一種工具。「正念冥想」的觀念主張，冥想者應該不帶批判的放開思考，讓注意力回到呼吸上，讓意識更加地遠離想法和感覺本身。此外，在正確的使用條件下，如迷幻藥等能讓心靈得到擴展的物質，也可以增進對於心靈和現實的洞察。

有時，我們需要外部的協助來促進自我觀察者的運用。好比說，進行心理治療，就需要病患與治療者的自我觀察者之間積極合作：病患被要求「退一步」客觀地報告他們的心理—情緒活動，而治療者則試圖透過病患的自我觀察者這個窗口，掃描病患的心的活動。同時，治療者也會掃描自身的想法—意象—情緒活動，以找尋可能有用的話語線索來幫助病人改變。兩者一同創造出兩個自我觀察者之間的聯盟，也就是「自我觀察者聯盟」。

想要注意到巧合的存在，涉及了在心中同時存有兩個或更多個別的事件。當這些事件被存於意識中，自我觀察者得以檢視配對事件的各種意義，包括它們的相似性、可能性、情緒負荷、個人重要性和可能的解釋。

就像身體的鍛鍊法，巧合意識能對自我觀察者提出較大的要求並強化其運作能力，然而，我們有時也可能太過耽溺於反覆思索這些內在狀態或事件，而麻痺了個人的行動能力，將意識埋葬在「**如果這樣就會那樣**」和**後悔**之中，結果讓想法和情緒在心中一閃而過，得不到解決的辦法。同樣的，某些看似充滿意義的撩人巧合，也可能將自我觀察者拖進一個困境的泥淖。

但當人們越來越熟悉自己的自我觀察者，他們可能發現自己隨著第二自我觀察者在運作。第二自我觀察者觀察著第一自我觀察者的活動範圍和細節。活化第二自我觀察者，能夠幫助我們擺脫心理困境。第二自我觀察者能從更高的觀點，來獲得一種阻止無盡螺旋的力量。要如何活化和運用這個第二自我觀察者？線索來自於檢視「自我觀察者聯盟」，這個聯盟建立在當一個人與另一人的自我觀察者的活動協調一致時。

外部觀察者會追蹤個案本身第一觀察者的細節；而治療者通常會為病患履行這個第二自我觀察者的職責。接下來，病患可能會認同由治療者的觀察者，來幫助概念化和塑造他們自己的第二觀察者。如果兩個人之間能夠仔細聆聽彼此，同樣能夠強化第二自我觀察者。

在一場跳得忘我的舞蹈聚會上，某位熟人向我描述，他的基本思考程式如何阻止了他去依據直覺行事。有一次他陷入嚴重的憂鬱，正考慮是否應該找我進行諮商，然後，他很快聽見他的第一自我觀察者發出常見的命令：「別這麼做！結果會很糟。」不過，他的第二自我觀察者注意到這個反應，並及時發出相反的命令：「不妨順從這個衝動吧！看看會發生什麼事。」於是，我們進行了一次很棒的談話。

巧合能夠擴展直覺。一個往往令人費解的巧合意義，可能將理性的分析逼到極限，因此我們需要另一個資訊來源。直覺會讓你不明所以的就是知道：這個意義沒有直接的證據，也不經過理性分析。

對於那些一向倚賴理性思考的人而言，一些沒有明顯來源而進入意識中的資訊可能會讓他們感到困擾。然而，人們往往在不明所以的情況下，就無端地知曉許多事情。我建議你可以練習讓這種「不合邏輯的」資訊進入意識，以補足和取代透過理性所產生的資訊，因為單純靠著直覺、情緒衝動或某個微弱的聲音，就可能有效地詮釋某個巧合。當然，在學習信任直覺的過程中，我們也需要理性測試各種直覺的輸入品質，方能辨識出持續有效的管道。

測試我們的直覺管道，類似於探查這個外在世界值得我們信任到什麼程度。當某個新認識的朋友似乎頗值得你的信任，你要問：她可能對我造成什麼傷害？她是否言行一致？她可以提供我什麼樣的幫助？至於某些靠直覺獲得的訊息，也可以用類似的方法測試：哪些訊息應該被避免？哪些訊息經常產生我們想要的結果？哪些訊息引發警告？重複的測試能夠釐清哪些自動反應可以被運用、哪些需要質疑，以及哪些需要拋棄。

利用巧合，可能意味著依據某個直覺的訊息行事，然而如果沒有迅速行動，相似事件的配對就無法成熟地轉化為一個有意義的巧合。當榮格聽見診療室窗戶上的拍打聲，那一刻他遵從了直覺。他起身打開窗戶讓一隻甲蟲飛進來，就在那位理性病人告訴他有關聖甲蟲的夢境之後。這個共時性最終成為病人開始進入治療改變的事件。

某位新聞系學生因為搭錯了電梯，意外闖入他正尋覓中的雇主的辦公室。這個非故意擅入的處境令他驚嚇不已，他發現之後迅速逃走了，而非抓住這個機會。生活會出現各種可能，有時候迅速採取行動，就能使得某些可能成真。不過，採取行動的勇氣來自日益淬煉的直覺，而淬煉基本上需要隨著練習和試錯而來。上述案例中，這位新聞系學生沒有培養出對直覺的信心，所以無法抓住需要的機會。

反過來說，對於那些特別倚賴直覺的人而言，理性思考可能顯得累贅或沒必要，因為對他們來說，答案會輕鬆地出現，不需費力去分析。然而，如果沒有推理能力進行有效的引導，你不會明白直覺的極限和現實造成的約束，那麼，直覺可能導致對巧合進行可疑的解讀。

巧合能夠強化理性。理性有助於評估可能性，並強化以下事實：經歷巧合者是許多擁有類似經驗的人，還有，巧合可能對個人產生許多用處。當你知道什麼是「最可能發生」的事，而非什麼是「你最想要」的事，往往能抵銷來自直覺、一廂情願的想法。

例如，意外碰見一個跟你夢寐以求工作相關的陌生人，可能會引發這份工作非你莫屬的感覺。一旦出現這種感覺，你必須理性評估現實世界的限制和可能性。如果你願意用心去了解巧合，就能同時強化直覺和理性，並在理想的狀況下，使兩者達到務實的平衡。

巧合能幫助人們免於過早為某些感覺和判斷貼標籤。有些巧合需要耐心地去理解。一般情況下，當這個經歷巧合的人渴望理解某個巧合的意義，他很可能宣稱這個巧合就代表著某件好事的發生（例如新戀情、友誼、發現、發明、工作、頓悟的達成，或某種非凡能力的證明。）但如果太快就將這個巧合標示為很好（或很糟）的事件，可能就會限制它的開展。有些巧合可能短暫出現正面的結果，不料，緊接著就轉變成一件壞事，隨之而來的只有失望和憤怒。所以，在經過一夜好眠、與身邊的人討論過，以及一段時間的沉澱之後，巧合的意義會顯示得更清楚。

巧合是將中性經驗變成正面經驗的絕佳練習。想像一下，在心中或大腦安裝一個應用程式，這個程式能將中性事件或略為負面的感覺變成正面的。許多生活事件讓人感到焦慮、憤怒、失望、後悔或傷心，但對某個事件抱持什麼樣的感覺，往往是個人選擇的問題。

舉例來說，浪漫的巧合有時關係到未來的承諾。這種與某人在一起很棒的感覺，會讓人覺得兩個人的未來永遠光明。然而，經過一段時間後，現實會發揮作用，導致兩人的關係結束。那麼，這段關係是正面還是負面的？這兩個人或許會對命運的玩弄深感失望，也或許會感激他們曾經共同擁有的美好經歷，以及讓兩人從中學到的東西。

以下是讓人驚奇的地方：事實上，這個程式已經被安裝在每個心－大腦之中。巧合的結果能被塑造成最合適的樣子，而不必然保持最初發生時的狀態。這些程式是：「將絆腳石變成踏腳石。」「唯一的失敗，就是沒有從失敗中學習。」「找找看你能從中學到的東西？」經過練習，這個將心態轉正的應用程式會變得靈活而有效。

有意義的巧合就像人際間的角色誘導。人類語話中含有訊息（數位的，以文字為基礎的溝通）和非言語的要求（類比的，以視覺－行為－情緒為基礎的溝通）。非言語的要求包括努力誘導聆聽者擔任說話者所希望見到的角色，這種角色要求隱藏在一目了然中，而這種角色要求對於說話者，或對於設法理解話語的聆聽者而言，通常不是有意識的，而是下意識的角色誘導。[13,14]

巧合也能溝通一些直接的訊息，以及誘導那些經歷巧合者的角色反應。我和我父親同時被噎住的經驗，告訴我「同時感應」這種現象是真實的，加上我父親在我生日那天去世，這個巧合再度誘導我一再敘述與我父親有關的故事。彷彿他在說「要記得我！」我藉由說這個故事，回應了他的期望。

如果你能留意巧合是如何誘導這些經歷巧合者產生反應，就能夠訓練內心注意自己和別人的無意識下的角色誘導能力。

巧合是同時進行兩極化和連續性思考的絕佳練習。大多數的人似乎偏好兩極化

（polarity）或連續性（continuum）思考，因為在使用標準化的理性思考程序時，我們需要花費的心力較少。不過，大腦中同時維持兩極化和連續性的思考，能夠擴展你的心靈。

每個人都不同程度地參與了巧合的創造，因為各人對巧合所負的責任不一樣，因此巧合的解釋存在於上帝／宇宙和隨機性之間的人類責任連續體上。許多人採信巧合是機率或上帝造成的，而且不太能接受是這些巧合者自身的貢獻。

想要實際了解巧合，有賴於將兩極和連續思維合併起來，因為機率和未知事物也在不同程度上促成了巧合。有時上帝（或宇宙或意識）的未知終極因（final cause）變成最好的解釋，而有時，機率或隨機性才是最好的解釋，有時則是個人自己創造出了巧合。

更常見的是，以上三者都有助於解釋巧合。每個巧合都有一個發生機率，因而許多巧合無法憑藉著巧合者自身的想法和行為得到完全的解釋，所以，將巧合和其他現實層面的概念化為兩極和連續體，能夠讓心得到鍛鍊。

除了解釋之外，巧合至少能夠以下列三種方式，來鍛鍊我們產生兩極化—連續思考。

一、我們傾向於相信每個心都與心以外的事物是完全分開的，頭骨隔開了內部世界和外部世界。這種心與環境的兩極化思維，對許多人來說可謂根深柢固。然而巧合告訴我們，心也嵌在環境的背景裡。心在思考心內與心外事物的兩極時會得到擴展，同時也將每一極視為連續體的一部分，這個連續體在不同程度上將個別的心與環境連結在一起。

二、獨一無二、相同的兩極也可視為一個連續體。好比說，有些人偏好認為每個人都是不同的，有些人則偏好認為每個人都是相同的。事實上，我們既相同又獨一無二，如同巧合，獨特程度各有不同。

三、懷疑者和相信者是另一個兩極化的配對組合，這兩種角色或許可以被視為揭穿假象的偽懷疑者和真相信者。願意質疑信仰和欣然接納證據的程度，構成了這個連續體。

如同你在本書中讀到的，巧合可能對於個人、群體、組織和全人類都有非常大的用處，巧合不僅能鍛鍊個人心靈，也能幫助我們認識現實。現階段，我利用了已知的知識理論和經驗案例作為基礎，帶領著「巧合計畫」一步步發展，你可以在本書的「附錄一」中了解這個計畫的相關資訊。我期盼你的加入，與我們分享那些有意義的巧合、意外之幸和共時性故事。

想知道更多訊息，你可以在網站youtube.com/c/Coinciders/ videos收看我在YouTube上的Spreaker播客節目。讓我們連結起來，一起學習有關人類自我意識在個人和集體方面的演進，希望我們會更深入理解這個世界，並運用巧合來幫助治療我們的集體自我。

後記

人類集體有機體

縱觀人類歷史，巧合一直是有關自然界、個人心靈、人際關係、靈性發展、科學、技術、藝術、商業和社會等領域中未被發現的線索。巧合產生的驚奇感激發了我們的好奇心，從而活化了個人的自我觀察者。由於許多「有意義的巧合」涉及了心的事件與環境事件的明顯相似，因此，檢視它們的用途和解釋，能夠拓展我們對於心靈與環境之間關係的理解。

「心—心」和某些「心—物」（其中的物是某人）巧合表明了人與人之間的緊密關聯，這些緊密的關聯暗示著：每個人都是某個更宏大事物的一部分。暗示這個事實的常見說法包括：「我們全都參與其中」或者「萬物相連」。我認為這個宏大事物可以概念化為「人類集體有機體」（Collective Human Organism），以此回答何以我們每個人都是更大的整體的一部分。

有意義的巧合闡明了一條將我們彼此連結，以及將我們與環境和周遭生物連結的隱形的線。它突顯出我們在心靈層共享的心理和情緒參與，同時也為每個人能參與到人類集體有機體中的獨特天賦的具體化鋪路，這得靠磨利人們的認同，並闡明使人們連結在一起的暗流。

我們可以將人類集體有機體想像成一個在地球上大步行走的人形，它的頭部頂著雲，它的心與心靈層中的高我相連，它生根的雙腳穿透了地面。目前那雙大腳正踐踏著許多生命，而那雙大手自私地攫取資源，完全不顧這個棲息地。

如今我們越來越常提到「地球」、「這個星球」和「全體棲息地」這些用語，這些字眼出現的次數如此頻繁，以致於「地球」作為一個發展中巨大有機體的概念已成日常談話的一部分。至於「人類集體有機體」的這個概念，可能還需要花點時間才能取代地球在日常談話中的地位。有一本極受歡迎的暢銷書籍《人類大歷史》*,[1]作者就推廣了這麼一個概念：「人類」也是一種演化中的有機體。

隨之而來有幾個結論：第一個是人類集體有機體有一顆心。這個心有集體意識和集體無意識。集體意識包含目前的社會、文化、科學、宗教以及由媒體產生的想法，而集體無意識則包含記憶、衝突、情緒和多種不同人們認同的自我。

如同個人，人類集體有機體也可能發展出一個集體的自我觀察者。透過有系統地分析大量巧合故事所顯示的形態，這個集體的自我觀察者能找到新線索幫助我們看穿愚昧，知道如何繼續發展下去。有些線索有助於治癒人類集體有機體，並防止它破壞我們的生存環境，我們需要特別重視。這些由意外之幸和共時性所引發的發現，將補足以理性邏輯的方法調查現實和解決人類多重生存威脅的缺漏。

為了生存，人類集體有機體需要更能夠察覺自身，以及自身正在造成的破壞，並發展出集體意識來引導倫理和道德發展。作為人類集體有機體的細胞，我們每個人對於它的整體成功運作都能夠做出貢獻，所以我們每個人都該自問：「我對於人類集體有機體的最佳運作，能做出什麼貢獻？」個人的巧合將幫助回答這個問題。我們正處於一場想像未來的戰鬥中，我們能否先一起想像一個藍圖，然後再承認人類集體有機體的存在？

人類集體有機體所面臨的挑戰

人類集體有機體受到自體免疫疾病的折磨，如戰爭、貧窮、飢荒、警察暴行、宗教仇恨、獨裁政府、無良公司，以及體制性的種族主義——這副身體正在攻擊自己。

＊《人類大歷史》（*Sapiens*），哈拉瑞（Yuval Noah Harari）著，林俊宏譯，繁體中文版由天下文化出版，二〇二二年增訂。

它也因為血栓阻塞住動脈而受苦，起因於對人們的被迫大舉出走、貧窮、飢荒、不健全的健保制度和公共衛生、對心理疾病和藥物濫用無動於衷。公司、政府和富人的刻意作為和不作為，正在剝奪許多細胞的營養。

如同大多數的個人，人類集體有機體也有幾個相互競爭的自我。其中一個自我確信它怎樣都能存活下來，因為上帝或金錢（或兩者）會拯救他們，而大地之母注定要服侍他們，而且她擁有無窮無盡的慷慨。另一個自我則相信全體的滅絕迫在眉梢，大地之母的饋贈能力已經被壓榨到極限。還有另一個自我，它認證了包括動物、植物和真菌在內的意識，具備想像未來的智慧。

這些自我幾乎不被其他的自我承認，因為每個自我都爭相控制著人類集體有機體的心靈，並爭奪這個有機體的未來意象。多股衝突的力量在這個集體心靈造成了混亂。我認為，這些力量需要被識別和組織起來，才能為想像一個可存活的未來帶來必要的凝聚力。

發展一個不可或缺的集體心靈，這件事正在進行中。網際網路為心靈層的運作提供了日益強固的鷹架，我們的心靈與網際網路逐漸緊密地栓繫在一起，它象徵著我們在心靈層中的連結。

新冠疫情威脅著全世界的人們一同接受或拒絕科學所建議的行為，這兩群人有著類似的思考模式。如同許多巧合，新冠病毒也反映出人類集體有機體的心靈，它為了自我複製而摧毀宿主的心，而人類不停地繁衍，也在摧毀他們的星球宿主。但是，地球試圖告訴我們，我們不是主人，而是客人。

全球暖化問題提出了另一個挑戰，同時團結起這些背道而馳的群體。我們的周遭環境存在著大量有意義的巧合，看看*environmental*（環境的）和*mental*（心理的）這兩個單字，*mental*包含在*environmental*之中。自從人類存在於地球上開始，巧合便與我們共相始終。巧合能提供有意義的線索，幫助我們適應不停演變的環境，這是我們必須關注的。

在我們付出關注時，我們需要徹底認清地球上那些充滿兩極化的事物，巧合能幫助我們連結這些兩極化的事物，將之納入它們所屬的連續體當中。

我所主導的「巧合計畫」，就奠基於巧合能提供現實運作的線索，因此可以發揮效用，利用這些線索開發出實用的方法來修正人類集體有機體，以及與整體有關聯的個別細胞的發展進程。

培養自我觀察者

人類能透過許多高度發展的個體自我觀察者，將它們聯合起來，培養出一個集體的自我觀察者。如先前所述，檢視有意義的巧合能鍛鍊個人的自我觀察者，這同樣也有助於人類集體有機體做相同的事。透過運用集體自我觀察者，人類能培養出對地球未來的集體視野和必要的集體意識。

這件事要從認清問題做起，就像一個酒精成癮者需要大聲說出：「我的名字是某某，我酒精成癮。」我們這個人類集體有機體首先需要宣布我們面臨了一個問題：「我的名字是人類，我對於不停歇的物質成長上癮。我需要更多心理、人際間和社會方面的成長。」

許多人不能、不願或害怕觀察自己的心靈。有些人過於執著於生存的挑戰，或陷入不停忙碌的需求中；有些人能活化他們的自我觀察者，卻拒絕這麼做。他們不想檢視自己的動機，因為可能會看見一些必須改變的事，而那些事得花上不少力氣。所以，他們採取忽略自我的方式來看待自己。「我現在這樣很好。」「我的問題是別人造成的。我是受害者。」「其他人的問題不是我的問題。」「我只為我自己和我的家人負責。」

許多人抱持著堅定的信念，就連證據也無法使他們軟化，這種堅定似乎產生自不同類型的意圖所支撐的強烈情緒。好比說，有人擁有特定的宗教信仰，這個信仰承諾他們：如果你以這種方式相信，那麼你和你所愛的人將擁有永恆的生命——這是個讓人全心全意相信的強烈誘因，如果你不對永生報酬的承諾起疑，你就不會產生質疑或懷疑。另一方面，與別人共享熱烈的信仰，提供了被群體接納的堅實保證，當你想成為群體中的一份子，這種渴望就會深植內心，一旦你對這些信念進行反思，難免會威脅到永生的想望，以及成為群體一份子的可能性。

這些包圍著基本教義派宗教的嚴密界限，往往沒有足夠的彈性來鬆開限制。同樣的，那些相信財富能使他們免於全球暖化問題蹂躪的人，也強烈地抗拒放開他們的界限。可以說，某些受到世俗利益所束縛的極端者，都不會因為面臨了明顯的威脅而做出改變。

另一方面，某些靈性修養極高的人相信：事情會按照應該發生的樣子發生，一切都很好。不！這種態度是一種精神上的逃避，這樣的人持續在靈性層面提升，相信自身較高的能量水平會吸引他人達到相同的狀態。可惜，就像許多戲劇性的迷幻經驗，這種感覺會在日常生活中消散掉，除非以某種方式得到滋養。靈性要提升，需要伴隨著好好學習如何愛人和被愛，這些都不是容易的事。如果你能透過慈悲的精神來避免群體中必然產生的衝突，或許在處理人際關係的工作時，就不至於那麼辛苦。

一種適應不良的思維，它的極致表現就是一再重覆相同的事，卻期盼不同的結果。我們會擁有什麼樣的未來？縱觀人類歷史中，一直存在著一個主題——天啟，這個未來主題透過基督教聖經末卷的《啟示錄》，在西方人心中向來被奉為神聖。末世時世界被毀滅，只有真正的信徒會得到拯救。如同哲學家格羅索（Michael Grosso）所指出的[2]，其他文化在拔摩島的約翰（John of Patmos，不是施洗者約翰）之前，已經預言了世界的全然毀滅，只有那些抱持著某些信仰、或屬於某些群體、或者有特殊身體特質的人能存活下來。

科幻小說經常嚴厲批評這個反烏托邦主題。想像毀滅及其變化，比起想像一個複雜、進化、有同理心和愛的未來容易多了。在這樣的未來，人類集體有機體的細胞努力透過愛和解決衝突來治癒彼此，用大腦的術語來說，這種衝突反映出杏仁核與依核通常相反的功能。杏仁核是焦慮中心，負責傳達憤怒；而依核會釋放多巴胺，這是一種使人感覺愉悅的重要神經化學物質。狂怒vs.愛是人類集體有機體的基本選擇，這包含找到兩者之間的平衡，也就是兩極的連續體。

自我實現的預言在心理學中向來受到重視。如果你相信你會被別人給拒絕，你就會潛意識地表現出「證明」你這種想法的行為。如果你相信世界會毀滅，那麼世界被毀滅的可能性也會增加，因為你潛意識採取了加速預期中毀滅的作為。相反的，如果你對未來懷抱著清晰的美好願景，你就會採取讓美好未來更可能發生的作為。然而，只是消極地期待一切順利是不夠的，你必須採取行動！如果你不想像你要去哪裡，那麼，你便只能任由別人帶你去其他的地方。

有些人分辨不出自己在人類集體有機體中的潛在功能，他們會不會像是身體脫落下來餵養地球的皮膚細胞？他們看不見能使所有人類團結在一起的威脅和線縷。或許，來自巧合的引導，將協助這些過於盲目的人最終看得見真相。

我們這個人類集體有機體的確有能力想像地球及地球居民的未來，但是它願意嗎？應該說，我們願意這麼做嗎？

生物有兩種主要的生存模式：戰鬥或合作。狼群合作捕食其他動物，真菌和樹木則相互滋養，而人類群體則彼此合作或彼此傷害。那麼，人類集體有機體會如何選擇？我們對未來的願景將在始終存在的此刻，形塑我們主要的決定。一個合乎倫理的集體意識能賦予個體和集體的想像力，然後不只創造出一個永續未來，還能為地球上所有人類和生命創造一個充滿樂趣的未來。

地球遊樂場和地球大學的基礎正在奠定中，我們能在這個學習／娛樂的介面上起舞。我認為，我們對於許多集體共時性和意外之幸的敏銳解讀，將引導我們從人類群體中的兩極對抗，轉變成發展靈性和人際關係的一把鑰匙。

誌謝

Patrick Huyghe將我只能算部分組織好的凌亂想法編輯成一份流暢的原稿，他總是給予我支持和體貼，是我永遠的好朋友。

Juliet Trail一直是個堅定不移的朋友、支持者和導師，幫助我強化這本書的結構，以及建立巧合計畫的基礎。

維吉尼亞大學認知研究部門的領導者和成員，為「巧合計畫」的發展提供了絕佳的意見。我透過這些會議認識了Patrick與Frank Pasciuti和Michael Grosso，與他們的談話對我的寫作大有助益。

夏綠蒂市舞蹈合作社（Charlottesville Dance）的舞者和5Rhythm舞蹈課程，他們所創造深刻而美好的經驗啟發了我。這些舞者和我一樣是追尋者，從他們身上，我得以學習並拓展有趣的想法。Ken Laster和Ann Kite特別具有啟發性。

我的治療師同事和親愛的朋友Barbara Groves用她深情支持的情感鼓舞我，以及我們對心理和靈性事物有愉快的探討。

Russ Federman使我與〈今日心理學〉期刊結緣，讓我能在部落格上向諸多善於接納的觀眾傳達「巧合」的概念。其中一些出自部落格貼文的想法，也被融入這本書的寫作中。

我的高中朋友和作家Dave Morris陸續貢獻幽默的評論，他總是具有洞察力和挑戰性。

我也要感謝Martin Plimmer和Brian King，以及許多共同蒐集巧合故事的人：我的兒子Karlen Beitman不情願地告訴我他曾經歷過的巧合經驗，還有Walter Beitman、Dennis Beitman、Madeleine Laurent、Gina Jamrozy、Julia Spencer、Gail O'Connell和Larry Dossey。

我對於榮格和霍勒斯・沃波爾深表感激。榮格首開先河，勇敢地向西方世界引進了「共時性」的概念，種下本書寫作的種子。在榮格之前，未被榮格辨識出來的霍勒斯・沃波爾，則用他「意外之幸」的概念種下了「有意義的巧合」的種子。

還要感謝我的孫子Zoe、Max和Rose——我希望有一天你們會明白你們的爺爺在做什麼。我的兒子Aaron和媳婦Liza，感謝你們將愛帶進我的人生。還有Boomer，感謝你那健康和給予人支持的懷疑論。

感謝神聖星球公司（Sacred Planet）的Richard Grossinger看出這份書稿的價值。

Inner Traditions出版社的企劃編輯和審稿編輯Sarah Galbraith欣然接受我的想法……感謝你們使它們變得真實。

Gibbs Williams替我和XZBN廣播網牽線，使我能主持足足一百三十八集的節目，訪談一百多位致力於研究巧合的人士。之後又得以在播客節目「與巧合連線」2.0中訪談另三十九個人。這些受訪者包括心理學家、商業顧問、學術領袖、薩滿師、教師和音樂家，他們加深並拓展了我對巧合的認識。

我要感謝：Tito Abao、Eben Alexander、Marcus Anthony、Thomas Baruzzi、Patrick Belisle、Rosalyn Berne、Anna Heleen Bijl、Lennart Bjorneborn、Ralph Blumenthal、Gary Bobroff、Carol Bowman、Alexis Brooks、Laurence Browne、Larry Burk、Christian Busch、Lisa Bucksbarum、Bethany Butzer、Joseph (Joe) Cambray、Étzel Cardeña、Jim Carpenter、Cynthia Cavalli、Deepak Chopra、Christine Clawley、Mike Clelland、Suzanne Clores、Samantha Copeland 、Pam Coronado、JD (Julie) Cross、John D'Earth、Brian Dailey、Jason DeBord、Sherrie Dillard、Doug Dillon、Larry Dossey、Brendan Engen、Sanda Erdelez、Pippa Erlich、Sally Rhine Feather、Frankie Fihn、Kiana Fitzgerald、Ken Godevenos、Ray Grasse、Richard Grossinger、Michael Grosso、Wendy Halley、Charles Hamner、David Hand、Buddy Helm、David Hench、Rey Hernandez、

Eric Hill、Robert Hopcke、John Ironmonger、Audrey Irvine、Tara Mac Isaac、Sky Nelson Isaacs、Michael Jawer、Joseph Jaworski、Dahamindra Jeevan、Linnea Johansson (Star)、Frank Joseph、Amelía Aeon Karris、Ritu Kaushal、Gordon Keirle-Smith、Edward F. Kelly、Michelle Kempton、Pagan Kennedy、Neil Killion、Jeffrey Kripal、John Kruth、Noah Lampert、Josh Lane、Mary Kay Landon、Tobias Raayoni Last、Laura Lee、Joshua Lengfelder、Ralph Lewis、Lumari、Trish Macgregor、Chris Mackey、Roderick Main、Christa Mariah、Julie Mariel、Terry Marks-Tarlow、Helen Marlo、Joe Mazur、Robert (Rob) McConnell、Bonnie Mceneaney Mcnamara、Alessandra Melas、Philip Merry、Greg Meyerhoff、Kathy Meyers、Jeffrey Mishlove、Julia Mossbridge、Karen Newell、Magda Osman、Jennifer Palmer、Robert (Bob) Pargament、Frank Pasciuti、Janet Payne、Marieta Pehlivanova、Robert Perry、Jessica Pryce-Jones、Dean Radin、Sharon Hewitt Rawlette、Peter Richards、Wendy Ross、Harley Rotbart、Nora Ruebrook、Pninit Russo-Netzer、Martin Sand、Sabrina Sauer、Kia Scherr、Gary Schwartz、Rupert Sheldrake、Yanik Silver、Terje Simonsen、David Spiegelhalter、Maureen St. Germain、Sophie Strand、Morgan Stebbins、David Strabala、Richard Tarnas、Yvonne Smith Tarnas、Scott Taylor、Denise Thompson、John Townley、Juliet Trail、Jim Tucker、Diogo Valadas Ponte、

James Clement Van Pelt、Saskia Von Diest、Mustafa Wahid、Ros Watt、Andrew Weil、Barbara Harris Whitfeld、Gibbs Williams、James Williford、Gary Wimmer、Katrin (Kat) Windsor、Peter Woodbury、and Matthew Zylstra。

附錄一　巧合計畫

儘管人們擔憂巧合是罕見的，或者是某種精神疾病的跡象，但研究的確顯示「有意義的巧合」時常發生。[1,2,3,4] 巧合計畫旨在激發人類自我意識的進化，是一種個人、人際和集體層面的大幅躍進，以期發展出解決問題的新思維，對抗人類所造成的全球性威脅，使得人類的軌跡朝向愛和樂趣的方向發展。轉變人類意識的關鍵，包括了知曉事物背後的道理，如同納京高唱的：「你所學過最了不起的事，就是愛和被愛。」

「巧合計畫」的創設，是用來幫助人們透過覺察和分享巧合經驗，辨識出一切生命之間的相互關係，願景在於闡明使我們連結和團結在一起的那道暗流。

我們的任務，是教導大家什麼是「有意義的巧合」，並鼓勵分享「有意義的巧合」、意外之幸和共時性故事，來激發人類自我意識的進化。這個計畫藉由以下方式達成任務：

透過遍及全世界的巧合故事闡明事件之間的關聯，以及與人分享故事時所獲得的了解，來強化人際與生態的共情；對「巧合大使」的任務加以重視，他們對於描述有意義的巧合滿懷熱情；教育人們關於共時性和意外之幸在人類經驗中的廣泛助益；創建巧合研究團體來研究巧合故事中的形態；定義巧合功能的倫理；網羅全球的專家，拓展集體對於有意義的巧合的理解；以及，倚賴共時性和意外之幸來引導並加速這些任務過程。

歡迎將我們的計畫宗旨推廣到各大網站和社群媒體，以吸引人們參與巧合計畫。我們需要三方面的努力：鼓勵遍及全球的巧合對話與蒐集；以蒐集到的案例為基礎，促進研究的成果；還有，推動巧合的研究，使其確立為一門學科。我們打算發掘和培養一批專心致志的研究者，主持靜修活動、研討會，以及為一般大眾設立的線上和線下討論群組，藉以達成這項任務。

巧合對話

巧合計畫的第一部分，基本上是努力蒐集巧合的故事。我們鼓勵那些曾經歷巧合的人，無論在個人私密經驗或職業生活中碰上了巧合，都可以記錄下來，並與他人分享。我們的格言是：「在你談完天氣之後，來說個巧合故事吧。」當一個人向另一人講述巧合故事，聆聽者可能會想起某個自身的例子，然後將它分享出來。

向彼此講述巧合故事，能透過分享高漲的情緒產生人與人的連結，同時也能擴展個人對於集體心靈的接受度。

我們鼓勵撰寫「**巧合者日記**」，這可以幫助人們說出和寫下巧合故事，並鼓勵他們記住所經歷過的巧合。多數時候，這些巧合對這些經歷者自身而言，遠比對他人更具有說服力。（參看附錄二：「如何撰寫和講述巧合故事」）

推廣共時性故事。這些在家庭或社區中心舉辦，以及透過線上會議進行的小型團體聚會，目的是為了創造一個場所來講述巧合的故事，安全且深入地探索經歷者的心靈和情緒。

至於那些透過視訊會議講述的故事，可以被記錄下來以供分析。「巧合計畫」邀請以巧合為基礎的社群媒體分享資源，我們開辦了每個月召集一次的「巧合咖啡館」（Coincidence Café），提供一個虛擬的聚會場所，在這裡，你可以來一杯共時性和意外之幸茶飲，同時探索輪換的主題和小組討論。

諸如「巧合咖啡館」之類的巧合聊天室，可以是另一個分享故事的來源，以及像Clubhouse之類的社群媒體網站，在這裡，巧合大使會與任何想參與的人們聚會。我們鼓勵那些提供相同主題故事的經歷巧合者去加入同類型的群體，共同探索對於巧合的特定觀察。

其他促進巧合對話的方法，涉及了記錄巧合在教室、商業、敘事（電影、小說、歷史）和大自然的用途；為兒童撰寫巧合故事書；譜寫和吟唱巧合歌曲；製作共時性和意外之幸的主題電玩；在元宇宙中追蹤有意義的巧合；以及，舉辦包括電影節在內的大型聚會，賦予觀眾辨識巧合的任務。

巧合大使

在特雷爾（Juliet Trail）的協助下，我成立了一個積極任事的「巧合大使」團體，用以執行巧合計畫的任務。這個團體的成員來自於對巧合感興趣的各領域專業人士。我們也挑選出一群專家，稱作「巧合盟友」，來支持巧合大使的工作。這些跨學科的巧合能動者包括了來自物理學、榮格派心理學、意外之幸研究、超心理學、精神病學、心理學、神經心理學、心理療法與諮商、人道非營利組織、敘事性藝術與視覺藝術、組織諮詢、靈性傳統、冥想藝術、薩滿教、神學、哲學、社群媒體技術，以及其他巧合研究者的代表。

巧合研究團體

「巧合研究團體」是「巧合計畫」的研究部門，透過系統化方法蒐集來自全球的巧合故事。這些故事可能被撰寫出來、用音檔記錄或拍攝成短片。這些故事還可能被回饋到人工智能的演算法中，藉以揭露關於巧合起源的潛在線索。它們也會變成大數據庫資料分析中的條目。

該系統的發展，由意外之幸和程式設計的邏輯所引導。這項研究的成果將作為理解巧合，以及用合乎道德的方式利用巧合的先進研究新倡議的前沿。最終，它將搜尋現實運作方式的線索，以強化探索個人心靈與心理發展、人際關係和社會群體的方法。

我們將招募對巧合友善的軟體工程師來開發令人滿意的分析方法，用以判斷巧合是否可能是一種新資訊的來源，或者拓展如何利用巧合的知識。這個研究團體將利用蒐集到的資訊，發展出地球的「心靈層」地圖。

這個研究團體提出的問題是：哪些條件似乎可以增加巧合發生的機率？如果巧合是透過人與環境互動而產生，那麼，是什麼樣的力量，使得這種互動產生了巧合？

透過這項工作，高頻率的經歷巧合者會被識別出來。接下來，我們要問得更深入：關於巧合的特性，還有什麼是我們應該知道的？我們將更完整地釐清是什麼使得這些經歷者如此敏感，他們做了什麼，而產生了他們所經歷的巧合？以及，他們如何詮釋和利用這些巧合。

蒐集巧合故事，將可辨識出經歷巧合者可能擁有的特殊能力，例如心靈感應、超感視覺、人體GPS，以及預知能力。這個研究團體將開發能幫助他們展露這些能力的方法，當然是在倫理準則範圍內。

此外，似乎能增進巧合的背景也會被評估。生活壓力源需要更系統化的關注，因為它們經常被提到與巧合發生頻率的增加有關。如前文所述，悲傷與巧合的關聯已經成為某篇博士論文的主題。[5]其他被研究的條件，還包括了生病、戀愛，以及工作壓力源。

環境也需加以評估。個人、伴侶和家庭心理治療提供了研究巧合可能發生規律的潛在可控環境。治療為巧合的產生和偵測提供了豐富的基礎，因為治療會提高情緒強度，讓所有參與者向自己和他人敞開內心，增強心─背景的相會。我們要如何利用「有意義巧合」的這種振動快取？

巧合研究團體可以測試以下的假說：巧合經常發生，但往往因為缺乏高強度的情緒狀態或充分的注意力而被忽略了。為了研究這個問題，巧合計畫將為連續性的報告定義出一個特定時間和地點。

基線研究將檢視一個受限制的日常情境中的巧合類型和發生頻率，例如在超市裡。對照組可以是一個高能的聚會，例如音樂節或巧合會議。當某個巧合被注意到，伴隨而來的不僅是標準化的問題，還會運用即時攝影機、GPS定位器和隨後的訪談加以記錄。這個研究將使用到目前的人類學界資料蒐集的方法，然後利用電腦程式定義出光憑人心不易分辨的巧合類型。

巧合研究團體將會為那些因巧合而不知所措的人，建立起巧合諮商轉介的基礎設施。一經允許，巧合諮商故事將可以進入永久的故事蒐集資料庫。

巧合研究

巧合研究團體致力於將巧合的研究建立為一門學科。他們所做的努力包括創設同儕審閱的《巧合研究期刊》（*Journal of Coincidence Studies*），以及一本名為《今日巧合》（*Coincidences Today*）的通俗雜誌。

為了建立巧合研究領域，對巧合的興趣必須獲得足夠多能幫助其發展者的高度關注。熱心的民眾能激發大眾媒體對於該主題的討論，大眾和通俗媒體的興趣，還有像本書這樣的作品，將使得這個想法進入學術界和資金補助的競技場。研究結果的發表和隨之而來的學術興趣會引發更多的支持，致使學術界內外正式的學科間和跨學科單位的設立，從而促進巧合的運用與研究。

二〇一〇年十月舉行的「耶魯共時性高峰會」（Yale SynchroSummit）標誌出涵蓋全部理論的「有意義巧合」研究，這是首次目標明確的聚會。與會者討論共時性的定義、研究共時性的價值、共時性的基本形態和解釋，以及它對主流科學的質疑。[6]更多這類高峰會將幫助加速該領域的發展。

「意外之幸協會」的第一次聚會於二〇一九年九月在倫敦舉行。意外之幸協會培植出一個活躍的研究網絡、推廣嚴謹的學科研究，以及為了研究與理論發展之間的相互關係而努力。

意外之幸協會是一個充滿活力和不斷擴增的團體，由熱心的研究人員組成，可望在未來對巧合研究做出許多貢獻。它會如何與巧合計畫產生關聯，也值得期待。

巧合計畫的「巧合大使創始會議」於二〇二〇年十月以線上方式舉行。與會者包括了巧合主題作家、商業顧問、共時性製片人、薩滿師、共時性牌卡創作者、哲學家、神經心理學家、輔導員、同理—冥想教師和意外之幸超級偶遇者的研究者。

我很高興看見這些參與者對於巧合有著非常類似的想法。儘管他們的專業背景極為不同，但巧合經驗使得他們對巧合產生了類似的思考方式。這個首次會議的召開，代表巧合研究很可能成為一門跨學科研究，因為這項工作啟始於以共同經驗為基礎的共通假設。截至目前（編按：本書〔英語版〕出版時間為二〇二二年二月），這些巧合大使已經聚會了十七次，形成一個具有凝聚力的團體，並準備好投入多方面的努力，以鼓勵巧合故事的講述、報告和研究。

巧合將作為發展巧合研究計畫的引導力。我們這個組織的核心會對日常生活中意想不到、不可預料的大量關聯保持警覺。關係重大的巧合，可以呈給我們的顧問進行詮解和作為可能的指引。

將有意義的巧合融入一個活生生、不停成長的組織中，將幫助我們保持彈性、開放，以及即時地研究我們原本可能運用其他系統化方法研究的事物。這個過程有可能產生可以應用於其他組織的原理。

發展這門新學科的主要挑戰在於：為主觀性和意識提供了一個系統化的地位。有意義的巧合完全倚賴觀察者的心靈，如果沒有主觀辨識，大多數巧合便不復存在。目前，科學尚未發展出一個能包含這種主觀性的方法論和伴隨而來的語言，巧合研究將更加努力使得這種主觀性成為未來科學對話的一部分。我希望你們能在「巧合計畫網站」上參與我們的活動，追蹤我們的進展。

附錄二　如何撰寫和講述巧合故事

巧合故事教導我們關於彼此的事，並且促進我們之間的連結。講述巧合故事也闡明了隱藏在你、你的聆聽者、你的讀者和大自然之間的線索。然而，要做到這點，唯一的辦法就是對彼此講述巧合的故事！[1]

你早已有熟悉的寫作和說故事風格，我們先來認識一下這部分的你！在說話時，你如何管理主要的非言語表達方式，例如，臉部表情是豐富或木然？手臂和軀體動作是靜止不動或動感十足？聲調是充滿戲劇性、輕鬆悠閒或介於兩者之間？你偏好什麼樣的寫作風格？理智的？聰明靈巧的？風趣的？精準的？含糊的？或其他完全不同的風格？

如果這是你第一次用文字描寫你的經驗，你要知道，講故事就像唱歌或說笑話，你最好先練習過，以便掌握流暢度和細節。你越了解故事，在寫作或講述時越容易考慮到讀者或聽眾。你要努力幫助他們盡可能充分地聽見你。

但你也要記住這個關鍵問題：讀者或聽眾**不需要**知道哪些細節？

你應該記住你的大致意圖：將你在心中過目的巧合錄影帶拿到觀眾的心中播放，你設法要創造的一些結果是：

- 確認你不是唯一經歷過類似事件的人
- 使某人相信你曾經體驗過的現實
- 闡明你自己的生活形態
- 鼓勵聽者或讀者去講述或撰寫他們自己的故事

以下是幫助你講述自己的巧合故事的一般準則：

一般格式

◎標題（找一些使人們感興趣的噱頭，就像網路上引誘人去點擊的標題）。選項包括：

※總結有趣的形態
※故事中的一個有用教訓
※故事核心的一個有趣細節

◎故事

※大多數巧合的結構涉及了兩個類似的形態，以意料之外、發生率低的驚人方式一起出現。務必使這兩個形態的相似要素可以清楚地突顯出來。

※在描述第一個形態時，要強調此後會在第二個形態中重複出現的關鍵層面。

※藉由強調那些會降低發生機率的事實，表明該巧合是如何的驚人或超乎預期。

◎意義——這可能包括：

※對你個人的影響

※你自己的解釋

※巧合的類型（參看本書的建議）

◎加油添醋

※為了讓故事顯得好聽，講述者有時可以增添一些或許非真實的細節。這正是為什麼在巧合發生之後，你最好迅速記下相關細節，因為巧合往往像夢境一樣難以記住。

寫作訣竅

你的聽眾是誰？

你？讓故事充滿細節，幫助你重新體驗與故事有關的情緒。

認識你的人？將任何可以幫助他們更認識你的細節包括進來。他們越認識你，越能與你喜歡的細節產生共鳴，而更進一步的認識你。

匿名？只鋪陳那些能讓讀者沉浸在你的經驗中的細節，儘可能讓故事陳述乾淨俐落和清楚，好讓他們體驗到你的部分感覺。

長度

一般而言，故事的長度不應超過半頁，短小精悍的節奏能迅速正中要害。除非有某些交織的要素有助於結果的呈現，那麼就可以寫比較長的故事。

你可以這樣想，你呈現的細節越多，巧合就顯得越可信——這些細節證明你真的在場！——但情況不必然真的如此。你可以將某些細節包括進來，因為它們將你帶回這個值得懷念的經驗。可是，這些細節是否真的能使你的讀者或聽眾產生共鳴？

範例

- 標題：我的狗走失了，我迷路了，我們找到了彼此。
- 故事：我的狗史奈普跑掉了。我媽建議我去警察局詢問。警察不知道牠在哪裡。我淚眼矇矓走錯了路回家，結果意外撞見了史奈普。
- 個人意義：我需要那隻狗！牠是全天下的寂寞男孩最好的朋友。
- 巧合類型：人體ＧＰＳ的一個例子。
- 解釋：藉由迷路而到達我需要到達的地方，可能是某種形式的超覺。

講述訣竅

想像

這個故事就像你要介紹給聽眾認識的一個朋友。或許，你可以從某件事情開始說起，例如：「你經歷過改變你人生的共時性嗎？」

排演

藉由寫下故事或向某人講述，來練習說故事。

自行定時

將故事長度保持在三分鐘以內，兩分鐘更好。考慮這些變數：你對聽眾的認識有多深，他們對你的認識有多深，以及願意聆聽的人數。

關於細節的結論

無論你用言語撰寫或口頭講述，都要讓細節與巧合本身保持關聯。只需分享聽眾會喜歡的、直接相關的細節。清楚傳達出形塑這個巧合的各種元素。

四十五歲的吉姆在人生中第一次說出以下的故事，這是一個出現過多的細節和分析的故事：

他就讀維吉尼亞大學，畢業後留在夏綠蒂市。他用了大量細節描述他的大學室友，以及他想與某人約會，結果被拒絕了。接著，他列出往後幾次的約會、修過的課程、讀過的書，還有圖書館的布置方式，他曾在那裡設法說服某位年輕女子和他交往。

他終於開始描述重點，他的兩位室友如何幫助他成功的和一位原本不情願的女孩約會。後來，這個女孩變成了他兩位室友的朋友，為這個四人組創造出一種神奇正面的互動。這位不情願的女孩最終成為吉姆的妻子。

吉姆接著描述畢業後不久，他去拜訪一位現在住在南非的室友，還有那人和妻子之間的問題。

他終於談到巧合本身，這件事發生在某個國家公園，但他描述了公園後方的入口、濕地和地理特徵，並混入了更多關於兩個室友的細節。他已有超過十五年沒見過他的室友，後來這兩位室友竟出乎意料地同時出現在洛磯山國家公園（Rocky Mountain National Park）的同一個地方；碰巧，吉姆和妻子也在那裡慶祝他們的十二年週年結婚紀念日。

他大約花了十五分鐘才講完這個故事。

在重新整理思路後，他刪除了故事中非直接相關的細節，得以更清楚地描述巧合的形態。

背景：他與妻子去科羅拉多州的洛磯山國家公園，慶祝他們的十二年週年結婚紀念日。

形態一：他、他未來的妻子，以及他的兩位室友，涉及了充滿情感的四邊關係。這段關係促成了他的婚姻。他已經許多年沒見到室友，儘管他們偶爾會連絡。一位室友住在喬治亞州，因為工作的緣故，極少離開喬治亞州；而另一位室友現居南非，一直很少有機會回美國。

形態二：當他過了橋進入公園，他聽見有人呼喚他的名字。開口的人是他的一位室友。接下來，這人告訴他，另一位室友剛剛打電話來問候，說他目前人也在這個公園！這個事件重現了最初的四角關係，而這個關係促成了他的婚姻。

對他的意義：這個巧合對他意義重大，因為它彷彿為他的結婚紀念日錦上添花，這是該趟旅行的目的。

我的解釋：在遙遠的地方偶遇到我們認識的人，比表面上看起來更容易發生，因為同一社經地位的人往往會去到類似的地方。四個人在極具情感意義的時刻，於極短的時間內在同一個地方相遇，大大降低了這件事發生的可能性。這是人體GPS在起作用。

當你熱心分享你的故事，其他人自然而然會對他們自己生活中所發現或回想到的巧合感到興趣。你所產生的情緒，會讓讀者或聆聽者與你形成情緒和認知上的連結。聽眾所講述的故事，也能幫助釐清你自身巧合的意義，很可能你們彼此都能學到，關於塑造「有意義巧合」基本形態的新觀點。

我期待你們願意將這些故事貢獻給巧合研究團體，以供進行分析。你們很可能發現了一些事物，讓我們更能掌握關於「有意義巧合」的集體知識。

注釋

第一章 巧合的解析

1. Shepherd, "The History of Coincide and Coincidence."
2. Griffiths and Tenenbaum, "From Mere Coincidences to Meaningful Discoveries."
3. Maguire, Moser, Maguire, and Keane, "Seeing Patterns in Randomness."
4. Falk, "Judgment of Coincidences."
5. Falk and MacGregor, "The Surprisingness of Coincidences."
6. Johansen and Osman, "Coincidences: A Fundamental Consequence of Rational Cognition."
7. Coleman, Beitman, and Celebi, "Weird Coincidences Commonly Occur."
8. Combs and Holland, *Synchronicity*.
9. Beck, "The Most Common Kinds of Coincidences."

第二章 巧合的類型

1. Jung, *Synchronicity*.
2. *Encyclopedia Britannica Online*, s.v. "J. B. Rhine," accessed November 12, 2020.
3. Jung, *Synchronicity*, 110.
4. Mansfield, *Synchronicity, Science and Soul-making*, 27–34.
5. Main, "Energizing Jung's Ideas About Synchronicity."
6. Main, "Energizing Jung's Ideas About Synchronicity."
7. Jung, *Synchronicity*.
8. Main, "Energizing Jung's Ideas About Synchronicity."
9. Jung, *Synchronicity*, 96.
10. Main, Jung on Synchronicity and the Paranormal, 26–27.
11. Main, *Jung on Synchronicity and the Paranormal*, 27.
12. Cambray, *Synchronicity*.
13. Aziz, *C. G.Jung's Psychology of Religion and Synchronicity*.
14. Merton and Barber, *The Travels and Adventures of Serendipity*.
15. Austin, *Chase, Chance and Creativity*, 15.
16. Copeland, "On Serendipity in Science."
17. Merton and Barber, *The Travels and Adventures of Serendipity*.

18. Copeland, "On Serendipity in Science."
19. Copeland, "Was Fleming's Discovery of Penicillin a Paradigmatic Case of Serendipity, or Not?"
20. Meyers, *Happy Accidents*.
21. Lakshminarayanan, "Roentgen and His Rays."
22. Pek van Andel, "Anatomy of the Unsought Finding."
23. Meyers, *Happy Accidents*.
24. The Serendipity Society website.
25. Koestler, *The Case of the Midwife Toad*, appendix 1.
26. Koestler, *The Case of the Midwife Toad*, appendix 1.
27. Kammerer, *Das Gesetz der Serie, eine Lehre von den Wiederholungen im Lebens und im Weltgeschehen*.
28. Playfair, *Twin Telepathy*, 37–38; Mann and Jaye, "'Are We One Body?'"
29. Stevenson, *Telepathic Impressions*, 17–22.
30. Coleman, Beitman, and Celebi E., "Weird Coincidences Commonly Occur."
31. Stevenson, *Telepathic Impressions*, 16.
32 T. Hamilton, s.v. "Frederic WH Myers," *Psi Encyclopedia Online* (London: The Society for Psychical Research, 2017), accessed November 11, 2020.
33. Jung, *Memories Dreams and Reflections*, 137–38.
34. Playfair, *Twin Telepathy*, 37–38; Mann and Jaye, "'Are We One Body?'"
35. Schwarz, "Possible Tesomatic Reactions."
36. Dossey, "Unbroken Wholeness."

第三章 巧合的形態

1. Nguyen, "Don't Forget: The Plural of Anecdote Is Data."
2. "What Are Black Swan Events?" *Black Swan*; http://blackswanevents. org/?page_id=26.
3. Ironmonger, "Novelist and Coincidences."
4. Jackson, "49 Birds Appear over Orlando Shooting Victims Memorial."
5. Jung, *Synchronicity*, 22.
6. Grof, "An Interview with Stanislav Grof."
7. Halberstam and Leventhal, *Small Miracles from Beyond*, 228–31.
8. Coleman, Beitman, and Celebi, "Weird Coincidences Commonly Occur."
9. Spacek, *My Ordinary, Extraordinary Life*, 180–85.
10. Obama White House, "Behind the Lens."
11. "In Memoriam: Elisabeth Targ (1961-2002)," the Parapsychological Association website, accessed April 26, 2020. Site no longer accessible; Targ, "Evaluating Distant Healing."
12. Inglis, *Coincidence*, 94.

13. M. Robertson, *Futility, or The Wreck of the Titan* (New York: M. F. Mansfield, 1898); Wikipedia s.v. "Futility, or the Wreck of the Titan."
14. Stevenson, "Precognition of Disasters."
15. Mann and Jaye, "'Are We One body？'"
16. Guy L. Playfair, s.v. "Twin Telepathy," *Psi Encyclopedia* (London: The Society for Psychical Research, 2015), accessed August 15, 2020.
17. Playfair, "Twin Telepathy."
18. Playfair, *Twin Telepathy*, 61.
19. Brown and Sheldrake, "The Anticipation of Telephone Calls."
20. Sheldrake and Smart, "Experimental Tests for Telephone Telepathy."
21. Rushnell, *When God Winks on Love,* 44–47.
22. Inglis, *Coincidence,* 116.
23. Inglis, *Coincidence,* 116.
24. Jung, *Synchronicity,* 27.
25. Stevenson, *Telepathic Impressions,* 31–34.
26. Freud, "Dreams and Occultism," 31–56.
27. Silverman, "Correspondences and Thought-Transference During Psychoanalysis."
28. Anthony, *Discover Your Soul Template,* 113–16.; Anthony, "Classroom Coincidences."
29. Goldman, "From the Annals of the Strange."
30. Berne, *When the Horses Whisper*.
31. Storey, Walsh, Quinton, and Wynne-Edwards, "Hormonal Correlates of Paternal Responsiveness in New and Expectant Fathers."
32. Feather and Schmicker, *The Gift,* 91.
33. Mann and Jaye, "'Are We One Body？'
34. Ogburn and Thomas, "Are Inventions Inevitable？"
35. Jonathan Baily, "The Odd Case of Dennis the Menace."
36. Schwartz, *Super Synchronicity*.
37. Sparks, "Study Guide for Marie-Louise Von Franz's Number and Time."
38. Rushnell, *When God Winks on Love,* 93–96.
39. Anonymous personal communication.
40. McLaughlin and Zagon, "POMC-Derived Opioid Peptides."
41. Alger, "Getting High on the Endocannabinoid System," 14.
42. Plimmer and King, *Beyond Coincidence,* 116–17.
43. Charles Dickens, *A Tale of Two Cities,* edited by Richard Maxwell (London: Penguin Classics, 2003; first published in 1859).
44. Weaver, *Lady Luck*; Hardy, Harvie, and Koestler, *The Challenge of Chance,* 214–15.

45. Rumi, “A Great Wagon.”

第四章　巧合敏感度

1. Coleman, Beitman, and Celebi, “Weird Coincidences Commonly Occur.”
2. Coleman and Beitman, “Characterizing High-Frequency Coincidence Detectors.”
3. Costin, Dzara, and Resch, “Synchronicity”; Attig, Schwartz; Figueredo, Jacobs, and Bryson, “Coincidences, Intuition, and Spirituality”; Coleman and Beitman, “Characterizing High Frequency Coincidence Detectors.”
4. Jones, “About the Free Associations Method.”
5. Jung, “What is Active Imagination.”
6. Bjornebor, “Three Key Affordances for Serendipity.”
7. Deikman, *The Observing Self*.
8. “Pattern Recognition (Physiological Psychology),” Psychology Wiki.
9. Festinger, Riecken, and Schachter, *When Prophecy Fails*.
10. Beitman, *Connecting with Coincidence*.
11. Mind Tools Content Team, “The Holmes and Rahe Stress Scale,” MindTools website, accessed in 2020.
12. Noone, “The Holmes–Rahe Stress Inventory.”
13. Björneborn, “Three Key Affordances for Serendipity.”

第五章　統計學家的態度

1. “Lightning: Victim Data,” Centers for Disease Control and Prevention website.
2. “The Strange, Sad Story of Roy Cleveland Sullivan,” QuickMedical website, September 27, 2010. Site no longer accessible.
3. Wright, Phillips, Whalley, Choo, Ng, Tan, et al., “Cultural Differences in Probabilistic Thinking.”
4. Science Buddies, “Probability and the Birthday Paradox.”
5. “Apophenia,” Merriam Webster Dictionary online.
6. Van Elk, Friston, and Bekkering, “The Experience of Coincidence.”
7. “Mike Myers + Deepak Chopra Coincidences Clip,” Iconoclasts (S3), YouTube. Video no longer available.
8. Johansen and Osman, “Coincidences”; Johansen and Osman, “Coincidence Judgment in Causal Reasoning.”
9. Diaconis and Mosteller, “Methods of Studying Coincidences.”
10. Lewis, “Coming to Terms with Coincidence.”
11. Black, “McKay Takes Math beyond Moonshine.”
12. Rawlette, “How Skeptics Misapply the Law of Very

Large Numbers."
13. Hand, *The Improbability Principle*.
14. Wikipedia s.v. "Roy Sullivan."

第六章　上帝出手的跡象

1. Coleman, Beitman, and Celebi, "Weird Coincidences Commonly Occur."
2. Rawlette, *The Source and Significance of Coincidences,* 43.
3. Rushnell, *Godwinks*.
4. Elizabeth Gilbert, *Eat, Pray, Love: One Woman's Search for Everything Across Italy, India and Indonesia* (New York: Viking, 2006), 30–34.
5. Godevenos, *Human Resources for the Church*.
6. Ken Godevenos email to Bernard Beitman, April 22, 2017.
7. Lynne, *Coincide,* 31–36.
8. Rawlette, "Are Coincidences Signs from God?"

第七章　個人作用

1. Purves, Augustine, Fitzpatrick, et al. (eds), "Types of Eye Movements and Their Functions."
2. Blackmore and Chamberlain, "ESP and Thought Concordance in Twins."
3. Williams, *Demystifying Meaningful Coincidences (Synchronicities)*.
4. Gibbs Williams email to Bernard Beitman, May 23, 2020.
5. Erdelez, "Information Encountering."
6. Austin, *Chance and Creativity,* 73–74.
7. Kelly, "We Called Her 'Moldy Mary.'"
8. "The Nobel Prize in Physiology or Medicine 1945," the Nobel Prize website.
9. Jung, Synchronicity.

第八章　人體GPS

1. Winston Churchill, *My Early Life* (New York: Touchstone, 1930), 280–81.
2. Cardeña, "The Experimental Evidence for Parapsychological Phenomena."
3. Cardeña, "The Experimental Evidence for Parapsychological Phenomena."
4. Stanford, Zennhausern, Taylor, and Dwyer, "Psychokinesis as a Psi-mediated Instrumental Response."
5. Michael Duggan, s.v. "Rex G Stanford," *Psi Encyclopedia*. (London: The Society for Psychical Research, 2020), accessed August 15, 2020.

6. Stanford and Stio, "Associative Mediation in Psi-mediated Instrumental Response (PMIR)"; Palmer, "The Challenge of Experimenter."
7. Wood, "Neuroscience Researchers Receive $3.4 Million NIH Grant to Develop Brain-Controlled Prosthetic Limbs."

第九章 造成問題的巧合

1. Masters, *Spiritual Bypassing*.
2. Swain, "How Do We Go Palm Oil Free?"
3. Roberts, "Herman Rosenblat, 85, Dies: Made Up Holocaust Love Story."
4. Jones, *Let Me Take You Down*.
5. Goodstein, "Falwell: Blame Abortionists, Feminists and Gays."
6. Mattingly, "Religion News Service Offers Readers One Half of the 'Why Did God Smite Houston?' story."
7. Blumenfeld, "God and Natural Disasters."
8. WorldTribune Staff, "Coincidence?"
9. Smurzyńska, "The Role of Emotions in Delusion Formation."
10. Beitman, "The Manic Psychiatrist's Experience of Synchronicity."
11. Beitman, "Is a Flood of Coincidences Challenging Your Sanity?"
12. Beitman, "Is a Flood of Coincidences Challenging Your Sanity?"
13. Beitman, "The Manic Psychiatrist's Experience of Synchronicity."
14. Wimmer, *A Second in Eternity*.
15. Beitman, "Research Suggests That Synchronicities Can Aid Psychotherapy."

第十章 經歷巧合者的類型

1. Mishlove, "Jeffrey Mishlove: Progress in Parapsychology."
2. Engen, "A Triple Coincidence Enhances His Life."
3. Sharon Hewitt Rawlette email to Bernard Beitman, August 28, 2020.
4. Burger and Anderson, "What a Coincidence!"
5. Erdelez, "Information Encountering."
6. Gertz, "Be a Super-Encounterer."
7. Jaworski, *Synchronicity*.
8. Generon International website s.v. "Joseph Jaworski." Site no longer available.
9. Bache, *The Living Classroom*, ch. 1 "Resonance in the Classroom."
10. Roxburgh, Ridgway, and Roe, "Issue 2: The Use of Qualitative Research in Developing Users' and Providers'

Perspectives in the Psychological Therapies.”
11. Brandon, “Synchronicity.”
12. Keutzer, “Synchronicity in Psychotherapy.”
13. Reefschläger, “Synchronizität in der Psychotherapie” [Dissertation: Synchronicity in Psychotherapy].
14. Hopcke, *There Are No Accidents*.
15. Roesler and Reefschläger. “Jungian Psychotherapy, Spirituality, and Synchronicity.”
16. Marlo and Kline, “Synchronicity and Psychotherapy.”
17. Zylstra, “Moments That Matter.”
18. Dannenberg, “A Poetics of Coincidence in Narrative Fiction”; Browne, “Coincidence in Fiction and Literature.”
19. Boris Pasternak, *Doctor Zhivago*, (London: Vintage, 2011, translated by Richard Pevear and Larissa Volokhonsky), letter in English, February 8, 1959, page xiii.
20. Forsyth, “Wonderful Chains.”
21. Hand, *The Improbability Principle*.
22. Ironmonger, *Coincidence* (also called *The Coincidence Authority*).
23. Ironmonger, “Novelist and Coincidences,”
24. Lewis, “Coming to Terms with Coincidence.”
25. Beitman, “Can Mainstream Science Be Expanded to Study Coincidences?”
26. Stenger, *Quantum Gods*.
27. Csikszentmihalyi, *Flow*.
28. Singer, *The Surrender Experiment*.
29. Nelson-Isaacs, *Living in Flow*.
30. Rushnell, “Godwinks History” and *Godwinks* books.
31. Perry, *Signs*, 28–29.
32. Lindorff and Fierz, *Pauli and Jung*.
33. Clayton, “Conceptual Foundations of Emergence Theory.”
34. Rickles, Hawe, and Shiell, “A Simple Guide to Chaos and Complexity.”
35. Rickles, Hawe, and Shiell, “A Simple Guide to Chaos and Complexity.”
36. “What are Fractals?” The Fractal Foundation website.
37. Marks-Tarlow, “A Fractal-Epistemology for Transpersonal Psychology.”
38. Cambray, “Moments of Complexity and Enigmatic Action.”
39. Copeland, “On Serendipity in Science.”
40. Sacco, “Dynamical and Statistical Modeling of Synchronicity”; Sacco, “Fibonacci Harmonics.”
41. Schwartz, *Super Synchronicity*.
42. Milmo and Willetts, “23 Fascinating Facts about the

Number Twenty-Three."

第十一章 「沒有巧合」

1. Townley and Schmidt, "Paul Kammerer and the Law of Seriality."
2. Jung, *Synchronicity,* 9.
3. Schwartz, *Super Synchronicity*.
4. Stenger, *Quantum Gods*.
5. Schwartz, *Super Synchronicity*.
6. Horgan, "Scientific Heretic Rupert Sheldrake on Morphic Fields, Psychic Dogs and Other Mysteries."
7. Horgan, "Scientific Heretic Rupert Sheldrake on Morphic Fields, Psychic Dogs and Other Mysteries."

第十二章 從一體世界到心靈層

1. Jung, *Collected Works of C.G. Jung, Volume 14,* excerpted by Roderick Main in *Jung on Synchronicity and the Paranormal,* 165.
2. Jung, *Collected Works of C.G. Jung, Volume 9 (Part 1)*.
3. Jung, *Collected Works of C.G. Jung, Volume 9 (Part 1),* 275.
4. Dossey, *One Mind*.
5. Kelly, Kelly, Crabtree, Gross, and Greyson, *Irreducible Mind*.
6. Wise, "When Fear Makes Us Superhuman"; Wikipedia s.v. "Hysterical strength."
7. Dossey, *One Mind,* 165–66.
8. Beitman, *Connecting with Coincidence*.
9. Gauld, "Reflections on the Life and Work of Ian Stevenson," 31.
10. Sire, *Discipleship of the Mind,* 46.
11. "Biosphere," definition from the National Geographic website.
12. Christian, "The Noösphere"; Ockham, "The Noosphere."
13. Cole, "The Concept of Collective Consciousness."
14. Todeschi, "Edgar Cayce on the Akashic Record."
15. Bateson, *Steps to an Ecology of Mind,* 467.
16. Breslow, "What Does Solitary Confinement Do To Your Mind?"
17. Keirle-Smith, *Revelation Antarctica*.
18. Ogburn and Thomas, "Are Inventions Inevitable?"
19. Gilbert, *Big Magic*; Paskin, "Elizabeth Gilbert's 'Big Magic.'"
20. Parker Harris, *Simulpathity*.
21. Beitman, "As Above, So Below."
22. Beitman, "Are We Becoming Nodes in the Vast Internet Connectivity?"

第十三章　六個令人困惑的案例

1. "History of Magnetism," Science Encyclopedia website.
2. Rawlette, *The Source and Significance of Coincidences,* 1–2.
3. Roger Nelson s.v. "Princeton Engineering Anomalies Research (PEAR)," *Psi Encyclopedia* (London: The Society for Psychical Research, 2017), accessed August 15, 2020.
4. Rawlette email to Bernard Beitman, October 22, 2019.
5. Rawlette, *The Source and Significance of Coincidences,* 430.
6. "Balloon Coincidence Weird Unusual Story," posted by Media Digital; "Most Amazing Coincidence Ever," posted by Good Mythical Morning; "Strange Coincidences or Destiny Beyond Chance?" posted by Richard Gardner.
7. "Incroyables Coïncidences," posted by Fabrice Bolusset.
8. "A Very Lucky Wind," *RadioLab* podcast.
9. Shermer, "Anomalous Events that Can Shake One's Skepticism to the Core."
10. Shermer, "Anomalous Events that Can Shake One's Skepticism to the Core."
11. Shermer, "Do anomalies Prove the Existence of God?"
12. "Adam Trombly Recalls Stories of John C Lilly," *Float* podcast.
13. Rawlette, *The Source and Significance of Coincidences,* chapter 8.
14. "E.C.C.O.," John C. Lilly Home Page.
15. Scharf, "The Solar Eclipse Coincidence."
16. Powell, "Earth's Moon Destined to Disintegrate."
17. Scharf, "The Solar Eclipse Coincidence."
18. Smith, "Why Is the Moon Exactly the Same Apparent Size from Earth as the Sun?"
19. Knight and Butler, *Who Built the Moon?*
20. Jung, Adler (ed.), Hulen (trans.), *Letters C. G. Jung,* 45.
21. Kelly, Kelly, Crabtree, Gross, and Greyson, *Irreducible Mind*; Michael Grosso email to Bernard Beitman, November 23, 2020.

第十四章　巧合的實際應用

1. Prochaska and DiClemente, "Stages and Processes of Self-Change of Smoking."
2. Herron, "People Are Losing It Over #UberBae's Sordid Side-Chick Tale of Betrayal."
3. Tarnas, *Cosmos and Psyche,* 54.
4. Nelson-Isaacs, *Leap to Wholeness,* 20.
5. Gorman, "Grid Cells."

6. Hill, "Synchronicity and Grief."
7. Irvine, *Infinite Possibility*.
8. Cardeña, "The Experimental Evidence for Parapsychological Phenomena."
9. Björneborn, "Three Key Affordances for Serendipity."
10. Small, "The Formula for Successful."
11. Kidd and Hayden, "The Psychology and Neuroscience of Curiosity."
12. Deikman, *The Observing Self*.
13. Leary, "Interpersonal Circle Model of Personality."
14. Beitman and Viamontes, "Unconscious Role-Induction."

後記——人類集體有機體

1. Harari, *Sapiens*.
2. Grosso, *The Millennium Myth*.

附錄一——巧合計畫

1. Beitman, "The Five Most Common Coincidences."
2. Coleman, Beitman, and Celebi, "Weird Coincidences Commonly Occur."
3. Costin, Dzara, and Resch, "Synchronicity."
4. Greyson, "Meaningful Coincidence and Near-Death Experiences."
5. Hill, "Synchronicity and Grief."
6. "Synchro Summit at Yale," Synchro Summit.

附錄二——如何撰寫以及講述巧合故事

1. Stockbridge and Wooffitt, "Coincidence by Design."就我所知，這個附錄是有關如何講述巧合故事最詳細的建議。Stockbridge and Wooffit (2018)可能是最早提出具體建議的人之一。

參考書目

"A Very Lucky Wind," RadioLab podcast, June 15, 2009.

"Adam Trombly Recalls Stories of John C Lilly." *Float Podcast*. Sep 4, 2015. YouTube.

Alger, B. E. "Getting High on the Endocannabinoid System. *Cerebrum* (2013), 14.

Anthony, Marcus. *Discover Your Soul Template: 14 Steps for Awakening Integrated Intelligence*. Rochester, Vt.: Inner Traditions, 2012.

Anthony, Marcus. "Classroom Coincidences." Connecting with Coincidence with Dr. Bernard Beitman podcast (June 6, 2019). Available on Spreaker.

Attig, Sheryl, Gary E. Schwartz, Aurelio Jose Figueredo, W. Jake Jacobs, and K. C. Bryson, "Coincidences, Intuition, and Spirituality." *Psychiatric Annals* 41 no. 12 (December 2011).

Austin, James. *Chase, Chance and Creativity.* Cambridge, Mass.: MIT Press, 1978, 2003.

Aziz, Robert. *C.G.Jung' Psychology of Religion and Synchronicity.* Albany: State University of New York Press, 1990.

Bache, Christopher. *The Living Classroom: Teaching and Collective Consciousness*. Albany: State University of New York Press, 2008.

Baily, Jonathan. "The Odd Case of Dennis the Menace." Plagiarism Today website (October 18, 2010).

"Balloon Coincidence Weird Unusual Story," *Media Digital*, April 1, 2008. YouTube.

Bateson, Gregory. *Steps to an Ecology of Mind*. San Francisco: Chandler Press, 1972.

Beck, Julie. "The Most Common Kinds of Coincidences." *The Atlantic,* May 6, 2016.

Beitman, Bernard. "Are We Becoming Nodes in the Vast Internet Connectivity？" Connecting with Coincidence blog, *Psychology Today,* Nov 30, 2016.

———. "As Above, So Below—A Sky-Brain Coincidence," Connecting with Coincidence blog, *Psychology Today,* Jan. 12 2017.

———. "Can Mainstream Science Be Expanded to Study Coincidences？" Connecting with Coincidence blog, *Psychology Today,* April 30, 2020.

———. *Connecting with Coincidence.* Deerfield Beach, Fla.: Health Communications, 2016.

———. *Connecting with Coincidence* podcast. Available on Spreaker, YouTube, and the author's website coincider.com.

———. "The Five Most Common Coincidences: Two Statistical Approaches with Overlapping Outcomes." Connecting with Coincidence blog, *Psychology Today,* June 18, 2016.

———. "Is a Flood of Coincidences Challenging Your Sanity？" Connecting with Coincidence blog, *Psychology Today,* December 11, 2016.

———. "The Manic Psychiatrist's Experience of Synchronicity." Connecting with Coincidence blog, *Psychology Today,* August 16, 2018.

———. "Research Suggests That Synchronicities Can Aid Psychotherapy." Connecting with Coincidence blog, *Psychology Today*, November 25, 2020.

Beitman, Bernard D. and George I. Viamontes, "Unconscious Role-induction: Implications for Psychotherapy." *Psychiatric Annals* 37 no. 4 (2007).

Berne, Rosalyn. *When the Horses Whisper: The Wisdom of Wise and Sentient Beings.* Rainbow Ridge Books, 2013.

Björneborn, Lennart. "Three Key Affordances for Serendipity: Toward a Framework Connecting Environmental and Personal Factors in Serendipitous Encounters." *Journal of Documentation* 73 no. 5 (September 11, 2017): 1053–81.

Black, Barbara. "McKay Takes Math beyond Moonshine." *Concordia Journal* (April 2006–2007).

Blackmore, S. J. and Chamberlain F. "ESP and Thought Concordance in Twins. A Method of Comparison." *Journal of the Society of Psychical Research* (1993): 89–96.

Blumenfield, Warren. "God and Natural Disasters: It's the Gays' Fault？" *HuffPost*, February 2, 2016.

Brandon, Nathan. "Synchronicity: A Phenomenological Study of Jungian Analysts' Lived Experience of Meaningful Coincidence in the Context of Psychotherapy," California Institute of Integral Studies: San Francisco, Calif., 2015.

Breslow, Jason M. "What Does Solitary Confinement Do To Your Mind？" Frontline website, April
22, 2014.

Brown, D and Sheldrake, R., "The Anticipation of Telephone Calls: A Survey in California." *Journal of Parapsychology* 65 (2001): 145–56.

Browne, L. "Coincidence in Fiction and Literature."

Australian Journal of Parapsychology 19 no. 1 (2019): 45–75.

Burger, Jerry M. and Carmen Anderson. "What a Coincidence! The Effects of Incidental Similarity on Compliance." *Personality & Social Psychology Bulletin,* Mar 20, 2004.

Cambray, Joseph. "Moments of complexity and enigmatic action: A Jungian view of the therapeutic field," *The Journal of Analytical Psychology*, June 2011.

———. *Synchronicity: Nature and Psyche in an Interconnected Universe.* College Station: Texas A & M University Press, 2009.

Cardeña, E., "The Experimental Evidence for Parapsychological Phenomena: A Review." *American Psychologist* 73 no. 5 (2018): 663–77.

Chase, James Austin. *Chance and Creativity: The Lucky Art of Novelty.* Cambridge, Mass.: MIT Press, 2003.

Christian, David. "The Noösphere," response to "What Scientific Term Or Concept Ought To Be More Widely Known?" Edge website 2017.

Clayton, P. "Conceptual Foundations of Emergence Theory." In *The Re-emergence of Emergence,* edited by P. Clayton and P. Davies, 1–31. Oxford: Oxford University Press, 2006.

Cole, Nicki Lisa. "The Concept of Collective Consciousness." ThoughtCo website, June 5, 2019.

Coleman, S. L., and B. D. Beitman. "Characterizing High-Frequency Coincidence Detectors." *Psychiatric Annals* 39 no. 5 (2009): 271–79.

Coleman S. L., B. D. Beitman, and E. Celebi. "Weird Coincidences Commonly Occur," *Psychiatric Annals* 39 (2009): 265–70.

Combs, A and M. Holland, M. *Synchronicity: Through the Eyes of Science, Myth and the Trickster.* New York: Marlow and Company, 1996.

Copeland, S. "On Serendipity in Science: Discovery at the Intersection of Chance and Wisdom." *Synthese* 196 (2019): 2385–2406.

Copeland, Samantha. "Was Fleming's Discovery of Penicillin a Paradigmatic Case of Serendipity, or Not?" *Semantic Scholar* (2016).

Costin, George, Kristina Dzara, and David Resch. "Synchronicity: Coincidence

Detection and Meaningful Life Events." *Psychiatric Annals* 41 no. 12 (December 2011): 572–75.

Csikszentmihalyi, Mihaly. *Flow: The Psychology of Optimal Experience.* New York: Harper Perennial Classics, 2008.

Dannenberg, H. P. "A Poetics of Coincidence in Narrative

Fiction." *Poetics Today* 25 no. 3 (2004): 399–436.

Deikman, Arthur. *The Observing Self: Mysticism and Psychotherapy.* Boston, Mass.: Beacon Books, 1982.

Diaconis, Persi and Frederick Mosteller. "Methods of Studying Coincidences." *Journal of the American Statistical Association* 84 no. 408 (December 1989): 853–61.

Dossey, Larry. *One Mind: How Our Individual Mind Is Part of a Greater Consciousness and Why It Matters.* Carlsbad, Calif.: Hay House, 2013.

———. "Unbroken Wholeness: The Emerging View of Human Inter-connectedness." Reality Sandwich website (March 13, 2013).

"E.C.C.O. page." John C. Lilly Home Page, www.johnclilly.com.

Engen, Brendan. "A Triple Coincidence Enhances His Life," Connecting with Coincidence blog, *Psychology Today,* Jan. 12, 2018.

Erdelez, Sanda. "Information Encountering," in *Theories of Information Behavior* edited by K. E. Fisher, S. Erdelez, and L. McKechnie, 179–85. Medford, N.J.: Information Today, 2005.

Falk, R., "Judgment of Coincidences: Mine vs. Yours." *American Journal of Psychology* 102 (1989): 477–93.

Falk, R. and D. MacGregor. "The Surprisingness of Coincidences," in *Analysing and Aiding Decision Processes,* edited by P. Humphreys, O. Svenson, and A. Vari, 489–502. Budapest: Akadémiai Kiadó, 1983.

Feather, Sally Rhine and Michael Schmicker. *The Gift: ESP, the Extraordinary Experiences of Ordinary People.* New York: St. Martin's Press, 2006.

Festinger, L., H. W. Riecken, and S. Schachter. *When Prophecy Fails.* Chicago: Pinter & Martin Publishers, 2008.

Forsyth, Neil. "Wonderful Chains: Dickens and Coincidence." *Modern Philology* 83 no. 2 (Nov. 1985): 151–65.

Freud, S. "Dreams and Occultism." *New Introductory Lectures on Psychoanalysis* Standard Edition (1932), Vol. 22, 1933, pp 31–56.

Gauld, Alan. "Reflections on the Life and Work of Ian Stevenson." *Journal of Scientific Exploration* 22 no. 1(2008): 31.

Gertz, Geoffrey. "Be a Super-Encounterer." Geoffry Gertz website.

Gilbert, Elizabeth. Big Magic: Creative Living Beyond Fear. New York: Penguin, 2016.

Godevenos, Ken B. *Human Resources for the Church:*

Applying Corporate Practices in a Spiritual Setting. Belleville, Ontario: Essence Publishing, 2009.

Goldman, Jason G. "From the Annals of the Strange: Dog Telepathy." The Thoughtful Animal blog, *Scientific American*, February 7, 2011.

Goodstein, Laurie. "Falwell: Blame Abortionists, Feminists and Gays." *The Guardian*, Sept. 19, 2001.

Gorman, James. "Grid Cells: 'Crystals of the Brain.'" *The New York Times*, April 29, 2013.

Greyson, Bruce. "Meaningful Coincidence and Near-Death Experiences." *Psychiatric Annals* 41 no. 12 (December 2011).

Griffiths T. L. and Tenenbaum J. B. "From Mere Coincidences to Meaningful Discoveries." *Cognition* 103 no. 2 (May 2007): 180–226.

Grof, Stanislav. "An Interview with Stanislav Grof " by Janice Hughes and Dennis Hughes. Share Guide website.

Grosso, Michael. *The Millennium Myth: Love and Death at the End of Time.* New York: Random House, 1997.

Halberstam, Yitta and Judith Leventhal. *Small Miracles from Beyond.* New York: Sterling Ethos, 2014.

Hand, David J. *The Improbability Principle: Why Coincidences, Miracles, and Rare Events Happen Every Day.* New York: Scientific American, 2014.

Harari, Yuval Noah. *Sapiens: A Brief History of Humankind.* New York: Harper Collins, 2015.

Hardy, Alister, Robert Harvie, and Arthur Koestler. *The Challenge of Chance: A Mass Experiment in Telepathy and Its Unexpected Outcome.* London: Hutchinson, 1973, 215–15.

Harris, Parker. *Simulpathity*, 2016. Available on Vimeo.

Herron, Rachel. "People Are Losing It Over #UberBae's Sordid Side-Chick Tale of Betrayal." *BET*, March 29, 2017.

Hill, Jennifer. "Synchronicity and Grief: The Phenomenology of Meaningful Coincidence as It Arises During Bereavement." Institute of Transpersonal Psychology, March 14, 2011.

Hopcke, Robert. *There Are No Accidents: Synchronicity and the Stories of Our Lives.* New York: Riverhead Books, 1998.

Horgan, John. "Scientific Heretic Rupert Sheldrake on Morphic Fields, Psychic

Dogs and Other Mysteries." Cross Check blog, *Scientific American,* July 14, 2014.

"Incroyables Coïncidences." Fabrice Bolusset. June 30, 2015. Youtube.

Inglis, Brian. *Coincidence*. London: Hutchinson, 1990.

Ironmonger, John. *Coincidence* (also called *The Coincidence Authority*). New York: Harper Perennial, 2014.

———. "John Ironmonger: Novelist and Coincidences." Connecting with Coincidence with Bernard Beitman (October 31, 2019). Available on Spreaker.

Irvine, Audrey. *Infinite Possibility: Frameworks for Understanding Extraordinary Human Experience*. Bloomington, Ind.: Author House, 2008.

Jackson, Amanda. "49 Birds Appear over Orlando Shooting Victims Memorial." *CNN* (June 14, 2016).

Jaworski, Joseph. *Synchronicity: The Inner Path of Leadership*. Berrett-Koehler Publishers 2011.

Johansen, Mark K., and Magda Osman. "Coincidences: A Fundamental Consequence of Rational Cognition." *New Ideas in Psychology* 39 (2015): 34–44.

———. "Coincidence Judgment in Causal Reasoning: How Coincidental Is This?" *Cognitive Psychology* 120 (August 2020): 101290.

Jones, J. "About the Free Associations Method," FreudFile website.

Jones, Jack. *Let Me Take You Down: Inside the Mind of Mark David Chapman, the Man Who Killed John Lennon*. New York: Villard, 1992.

Jung, Carl. *Collected Works of C.G. Jung, Volume 9 (Part 1): Archetypes and the Collective Unconscious*. Princeton, N.J.: Princeton University Press, 1969.

———. *Collected Works of C.G. Jung, Volume 14: Mysterium Coniunctionis*. Princeton, N.J.: Princeton University Press, 1997.

———. *Memories Dreams and Reflections*. New York: Vintage Books, 1963.

———. *Synchronicity*. Princeton, NJ: Princeton Press, 1973.

———. "What Is Active Imagination," *The Conjunction*, CW 14, par. 706.

Jung, Carl, Gerhard Adler (editor), Jeffrey Hulen (translator). *Letters C.G. Jung*. Vol. 2, 1951–1961. London: Routledge & Kegan Paul, 1976.

Kammerer, Paul, *Das Gesetz der Serie, eine Lehre von den Wiederholungen im Lebens und im Weltgeschehen*. Stuttgart und Berlin, 1919.

Keirle-Smith, Gordon. *Revelation Antarctica*. Paradise Garden Press, 2019.

Kelly, Edward, Emily Kelly, Adam Crabtree, Michael Gross, and Bruce Greyson.

Irreducible Mind: Toward a Psychology for the 21st

Century. Lanham, Md.: Rowman and Littlefield, 2009.
Kelly, Norman V. "We Called Her 'Moldy Mary,'" Peoria Historian blog (April 20, 2013).
Keutzer, Caroline S. "Synchronicity in Psychotherapy." *J. Anal. Psychol.* 29 no. 4 (1984): 373–81.
Kidd, Celeste and Benjamin Y. Hayden. "The Psychology and Neuroscience of Curiosity." *Neuron* 88 no. 3 (2015): 449–60.
Knight, Christopher and Alan Butler. *Who Built the Moon?* London: Watkins, 2007.
Koestler, Arthur. *The Case of the Midwife Toad.* New York: Random House, 1971.
Lakshminarayanan, V. "Roentgen and His Rays." *Resonance* 10 no. 6 (June 2005): 2–5.
Leary, Timothy. "Interpersonal Circle Model of Personality." PAEI—Structures of Concern website.
Lewis, Ralph. "Coming to Terms with Coincidence." *Psychology Today,* February 13, 2020 (reviewed March 2020).
Lindorff, David and Markus Fierz. *Pauli and Jung: The Meeting of Two Great Minds.* Wheaton, Ill.: Quest Books, 2004.
Lynne, Sherrie. *Coincide: A Two Bits Testimony.* Sioux Falls, S.D.: Gimmel Publishing, 2020.
Maguire, P., P. Moser, R. Maguire, and M. T. Keane. "Seeing Patterns in Randomness: A Computational Model of Surprise." *Topics in Cognitive Science* 11 (2019): 1, 103–18.
Main, Roderick. "Energizing Jung's Ideas About Synchronicity." Connecting with Coincidence blog, *Psychology Today,* May 2017.
———. *Jung on Synchronicity and the Paranormal.* Princeton, N.J.: Princeton University Press, 1997.
Mann, Brett and Chrystal Jaye. "'Are We One Body?' Body Boundaries in Telesomatic Experiences." *Anthropology & Medicine* 14 no. 2 (August 2007): 183–95.
Mansfield, Victor. *Synchronicity, Science and Soul-making: Understanding Jungian Synchronicity through Physics, Buddhism and Philosophy.* (Chicago and La Salle, Ill. Open Court, 1995.
Marks-Tarlow, Terry. "A Fractal Epistemology for Transpersonal Psychology." *International Journal of Transpersonal Studies* 39 no. 1 (2020).
Marlo, Helen and Jeffrey Kline, "Synchronicity and Psychotherapy: Unconscious Communication in The Psychotherapeutic Relationship." Psychotherapy 35 no. 1 (spring 1998): 16–22.

Masters, Robert. *Spiritual Bypassing: When Spirituality Disconnects Us from What Really Matters*. Berkeley: North Atlantic, 2010.

Mattingly, Terry. "Religion News Service Offers Readers One Half of the 'Why Did God Smite Houston?' Story." Get Religion website, August 30, 2017.

McLaughlin, Patricia J. and Ian S. Zagon. "POMC-Derived Opioid Peptides." *Handbook of Biologically Active Peptides* Second Edition, edited by Abba J. Kastin. San Diego: Academic Press, 2013.

Merton, Robert K. and Elinor Barber. *The Travels and Adventures of Serendipity*. Princeton, N.J.: Princeton Press, 2004.

Meyers, Morton A. *Happy Accidents: Serendipity in Modern Medical Breakthroughs*. New York: Arcade Publishing, 2007.

Milmo, Cahal and Tom Willetts. "23 Fascinating Facts about the Number Twenty-Three." *The Independent*, February 23, 2007.

Mishlove, Jeffrey. "Jeffrey Mishlove: Progress in Parapsychology." Connecting with Coincidence with Dr. Bernard Beitman podcast. January 29, 2018. Available on Spreaker.

"Most Amazing Coincidence Ever." Good Mythical Morning. June 16, 2014, season 5 episode 112. Youtube.

Nelson-Isaacs, Sky. *Leap to Wholeness: How the World Is Programmed to Help Us Grow, Heal, and Adapt*. Berkeley: North Atlantic Books, 2021.

———. *Living in Flow: The Science of Synchronicity and How Your Choices Shape Your World*. Berkeley: North Atlantic Books, 2019.

Nguyen, Dan. "Don't Forget: The Plural of Anecdote Is Data." Dan Nguyen's blog, Sept. 10, 2015, which references Nelson W. Polsby, PS (Autumn, 1984), Vol. 17, No. 4. p. 779.

Noone, Peter A. "The Holmes–Rahe Stress Inventory." *Occupational Medicine* 67 no. 7 (October 2017): 581–82.

Obama White House. "Behind the Lens: When the President Heard the News of the Supreme Court Decision on the Affordable Care Act." *Medium* (June 26, 2015).

Ockham, William. "The Noosphere (Part I): Teilhard de Chardin's Vision." Teilhard de Chardin website, August 13, 2013.

Ogburn, William F. and Dorothy Thomas. "Are Inventions Inevitable? A Note on
Social Evolution." *Political Science Quarterly* 37 no. 1

(March 1922): 83–98.

Palmer, John. "The Challenge of Experimenter." *European Journal of Parapsychology* 13 (1997): 110–25.

Paskin, Willa. "Elizabeth Gilbert's 'Big Magic.'" (September 16, 2015) *New York Times*.

Perry, Robert. *Signs: A New Approach to Coincidence, Synchronicity, Guidance, Life Purpose, and God's Plan.* Sedona, Ariz.: Semeion Press, 2009.

Playfair, Guy. *Twin Telepathy* (UK: White Crow Books, 2012).

Plimmer, Martin and Brian King. *Beyond Coincidence: Amazing Stories of Coincidence and the Mystery and Mathematics Behind Them.* New York: St. Martin's Press, 2006.

Powell, David. "Earth's Moon Destined to Disintegrate." Space website. January 22, 2007.

Prochaska, J. O. and C. C. DiClemente. "Stages and Processes of Self-Change of Smoking: Toward an Integrative Model of Change." *Journal of Consulting and Clinical Psychology* 51 no. 3 (1983): 390–95.

Purves, D., G. J. Augustine, and D. Fitzpatrick, et al. (eds). "Types of Eye Movements and Their Functions." *Neuroscience*. 2nd edition. Sunderland, Mass.: Sinauer Associates; 2001.

Rawlette, Sharon Hewitt. "Are Coincidences Signs from God?" Mysteries of Consciousness blog, *Psychology Today* (February 5, 2020).

———. *The Source and Significance of Coincidences.* Sharon Hewitt Rawlette, 2019.

———. "How Skeptics Misapply the Law of Very Large Numbers." Connecting with Coincidence blog, *Psychology Today*, Jul 16, 2019.

Reefschläger, G. "Synchronizität in der Psychotherapie; Eine quantitativ-qualitative Untersuchung der strukturellen Beschaffenheit synchronistischer Phänomene im psychotherapeutischen Prozess," [Dissertation: Synchronicity in Psychotherapy] (2018). Frankfurt/Oder: Europa-Universität Viadrina Frankfurt, Kulturwissenschaftliche Fakultät.

Rickles, D., P. Hawe, and A.Shiell. "A Simple Guide to Chaos and Complexity." *J Epidemiol Community Health* 61 no. 11 2007: 933–37.

Roberts, Sam. "Herman Rosenblat, 85, Dies; Made Up Holocaust Love Story." *New York Times*, Feb. 21, 2015.

Roesler, C., and G. I. Reefschläger. "Jungian Psychotherapy, Spirituality, and Synchronicity: Theory, Applications, and Evidence Base." *Psychotherapy*. Advance online publication version, 2021.

Roxburgh, E.C., S. Ridgway, and C. A. Roe. "Issue 2: The Use of Qualitative Research in Developing Users' and Providers' Perspectives in the Psychological Therapies." European Journal of Psychotherapy and Counselling 17 (2015): 144–61.

Rushnell, SQuire. "Godwinks History page," *Godwinks* books on Godwinks website.

———. *When God Winks on Love*. New York: Atria Books, 2004: 93–96.

Sacco, Robert G. "Dynamical and Statistical Modeling of Synchronicity: A Probabilistic Forecasting Framework." *International Journal of Brain and Cognitive Sciences* 9 no. 1 (June 2020): 16–24.

———. "Fibonacci Harmonics: A New Mathematical Model of Synchronicity." *Applied Mathematics* 9 no.6 (June 2018).

Scharf, Caleb A. "The Solar Eclipse Coincidence." *Scientific American,* May 18, 2012.

Schwartz, Gary. *Super Synchronicity: Where Science Meets Spirit.* Vancouver, BC: Param Media, 2017.

Schwarz, B. E. "Possible Telesomatic Reactions." *J Med Soc N J* 64 (1967):600–603.

Science Buddies. "Probability and the Birthday Paradox," *Scientific American,* March 29, 2012.

Sheldrake, Rupert and Pamela Smart. "Experimental Tests for Telephone Telepathy." *Journal of the Society for Psychical Research* 67 (July 2003):184–99.

Shepherd, H. E. "The History of Coincide and Coincidence." *The American Journal of Philology* (1880).

Shermer, Michael. "Anomalous Events that Can Shake One's Skepticism to the Core." *Scientific American,* Oct 1 2014.

———. "Do Anomalies Prove the Existence of God?" Michael Shermer website, May 12, 2018.

Silverman, Samuel. "Correspondences and Thought-Transference During Psychoanalysis." *Journal of American Academy of Psychoanalysis* 16 no. 3 (1988):269–94.

Singer, Michael. *The Surrender Experiment*. New York: Harmony, 2015.

Sire, James W. *Discipleship of the Mind.* Madison, Wisc.: Intervarsity Press, 1990.

Small, Gary. "The Formula for Successful." *TEDx Talks,* Jan. 30, 2018. YouTube.

Smith, Malcolm. "Why Is the Moon Exactly the Same Apparent Size from Earth as the Sun? Surely This Cannot Be just Coincidence; The Odds Against Such a

Perfect Match Are Enormous." *Astronomy*. October 1, 2000.

Smurzyńska, Adrianna. "The Role of Emotions in Delusion Formation." Studies in Logic, Grammar and Rhetoric 48 no. 61 (2016).

Spacek, Sissy. *My Ordinary, Extraordinary Life*. New York: Hyperion, 2012.

Sparks, Gary J. "Study Guide for Marie-Louise Von Franz's Number and Time." J. Gary Sparks website.

Stanford, Rex G. and Angela Stio. "Associative Mediation in Psi-mediated Instrumental Response (PMIR)," in *Research in Parapsychology 1975* edited by J. D. Morris, W. G. Roll, and R. L. Morris. Metuchen, N.J.: Scarecrow Press, 1976.

Stanford, Rex G., R. Zennhausern, A. Taylor, and M. Dwyer, "Psychokinesis as a Psi-mediated Instrumental Response." *Journal of the American Society for Psychical Research* 69 (1975): 127–33.

Stenger, Victor. *Quantum Gods: Creation, Chaos, and the Search for Cosmic Consciousness*. Amherst, NY: Prometheus, 2009.

Stevenson, Ian. "Precognition of Disasters." *Journal of the American Society for Psychical Research* 64 (1970): 187–210.

———. *Telepathic Impressions*. New York: American Society for Psychical Research, 1970.

Stockbridge, Germaine and Robin Wooffitt. "Coincidence by Design." *Qualitative Research* (2018): 1–18.

Storey, A. E., C. J. Walsh, R. L. Quinton, and K. E. Wynne-Edwards. "Hormonal Correlates of Paternal Responsiveness in New and Expectant Fathers." *Evol Hum Behav.* 21 no. 2 2000: 79–95.

"Strange Coincidences or Destiny Beyond Chance?" Richard Gardner. August 10, 2016, Youtube.

Swain, Frank. "How Do We Go Palm Oil Free?" *BBC Future*, January 13, 2020.

"Synchro Summit at Yale." Synchro Summit, Yale Divinity School, October 15–20, 2010.

Targ, E. "Evaluating Distant Healing: A Research Review." *Alternative Therapies in Health & Medicine* 3 no. 6 (1997): 74–78.

Tarnas, Richard. *Cosmos and Psyche*. New York: Penguin, 2006.

Todeschi, Kevin J. "Edgar Cayce on the Akashic Record." Edgar Cayce's A.R.E website.

Townley, John and Robert Schmidt. "Paul Kammerer and the Law of Seriality" in *Fortean Studies*, 251–60. London: John Brown, 1994.

van Andel, Pek. "Anatomy of the Unsought Finding. Serendipity: Origin, History, Domains, Traditions, Appearances, Patterns and Programmability."

The British Journal for the Philosophy of Science 45 no. 2 (June 1994): 631–48.

Van Elk M., K. Friston, and H. Bekkering. "The Experience of Coincidence: An Integrated Psychological and Neurocognitive Perspective" in *The Challenge of Chance* edited by Klass Landsman and Ellen van Wolde. Springer, 2016.

Weaver, Warren. *Lady Luck: Theory of Probability*. New York: Anchor Books, 1963.

Williams, Gibbs. *Demystifying Meaningful Coincidences (Synchronicities): The Evolving Self, the Personal Unconscious, and the Creative Process*. New York: Jason Aronson, 2010.

Wimmer, Gary L. *A Second in Eternity.* Austin, Texas: Lithomancy Institute, 2011.

Wise, Jeff. "When Fear Makes Us Superhuman." *Scientific American*, December 28, 2009.

Wood, Matt. "Neuroscience Researchers Receive $3.4 Million NIH Grant to Develop Brain-Controlled Prosthetic Limbs." *UChicago Medicine*, October 15, 2018.

WorldTribune Staff, "Coincidence~· Simultaneous Power Outages Give Credence to Cyber-Doomsday Scenarios." *World Tribune*, April 23, 2017.

Wright, G. N., L. D. Phillips, P. C. Whalley, G. T. Choo, K. Ng, I. Tan, et al. "Cultural Differences in Probabilistic Thinking." *Journal of Cross-Cultural Psychology* 9 no. 3 (1978): 285–99.

Zylstra, Mathew. "Moments That Matter," Eyes4Earth website, October 24, 2017

有意義的巧合
Meaningful Coincidences

作　　者　柏納德·貝特曼Bernard Beitman
譯　　者　林金源
封面設計　萬勝安
內頁版型　高巧怡
行銷企劃　蕭浩仰、江紫涓
行銷統籌　駱漢琦
業務發行　邱紹溢
營運顧問　郭其彬
責任編輯　李嘉琪
總 編 輯　李亞南
出　　版　漫遊者文化事業股份有限公司
地　　址　台北市103大同區重慶北路二段88號2樓之6
電　　話　(02) 2715-2022
傳　　真　(02) 2715-2021
服務信箱　service@azothbooks.com
網路書店　www.azothbooks.com
臉　　書　www.facebook.com/azothbooks.read

發　　行　大雁出版基地
地　　址　新北市231新店區北新路三段207-3號5樓
電　　話　02-8913-1005
訂單傳真　02-8913-1056
初版一刷　2024年2月
定　　價　台幣420元

ISBN　978-986-489-896-1

國家圖書館出版品預行編目 (CIP) 資料

有意義的巧合/ 柏納德. 貝特曼(Bernard Beitman) 作 ; 林金源譯. -- 初版. -- 臺北市 : 漫遊者文化事業股份有限公司出版 : 大雁文化事業股份有限公司發行, 2024.02
面； 公分
譯自 : Meaningful coincidences : how and why synchronicity and serendipity happen
ISBN 978-986-489-896-1(平裝)
1.CST: 心理學
170　　112022854